L'ALLEMAGNE INTIME

HENRI CONTI

L'Allemagne
intime

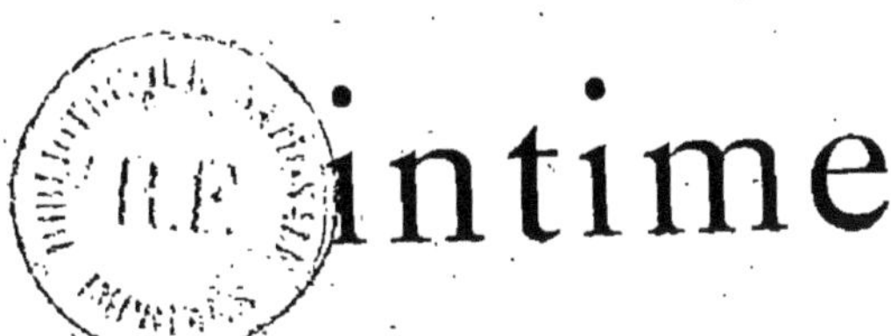

PARIS

NOUVELLE LIBRAIRIE PARISIENNE

ALBERT SAVINE, ÉDITEUR

18, RUE DROUOT, 18

1887

Tous droits réservés

L'ALLEMAGNE INTIME

PREMIÈRE PARTIE

VUE D'ENSEMBLE

I

France et Allemagne. — Rapide parallèle.

Malgré l'unité de l'Allemagne, la nation est encore neuve, gauche, sans cachet marqué et sans caractère national bien défini : c'est que le morcellement de l'Empire germanique en petites souverainetés a duré trop longtemps ; les traces qu'il a laissées sont profondes. Entre ce pays et le nôtre, le parallèle offre un contraste frappant.

Il y a près de trois siècles, la France faisait son apprentissage : elle cherche sa voie, la trouve, et dès lors ne sort plus du sentier tracé. Tandis qu'elle est à l'apogée de sa gloire littéraire, l'Allemagne n'en est qu'au berceau. Plus tard, cette

nation marchera à pas de géant; le génie de sa
littérature et de sa philosophie aura des élans
magnifiques, sa poésie éclatera soudain comme
un rayonnement éblouissant de sublime beauté;
mais cette littérature n'accomplit une révolution
que dans les lettres. Ce n'est pas un courant
comme notre grand siècle, qui façonne tout un
peuple et le marque à jamais, jusque dans ses
mœurs, d'une empreinte d'originalité.

L'hôtel de Rambouillet, en voulant dégasconner
le Gascon, épure cette langue française si souple
et si raffinée. Et par quelles mains délicates et
prestes elle est maniée! C'est à qui trouvera l'expression claire, lucide, vraie et une. Un mot heureux fait fureur, et vite on s'ingénie à le détrôner.
C'est une lutte de l'esprit; et dès lors l'esprit
français devient proverbial. La causerie des salons semble effleurer et elle approfondit. On pérore, on ergote, on discute et l'on persuade. Le
monde est ébloui. Le français devient la langue
diplomatique. On le parle dans toutes les cours.
Dans les familles nobles on se pique de le manier
avec plus d'aisance que sa langue maternelle.
Ce courant est trop profondément encaissé pour
ne pas entraîner tout sur son passage. Ce sera
un torrent envahisseur.

L'empreinte est aujourd'hui si ferme et si durable que partout nous retrouvons ce cachet fin, original de l'esprit français : dans notre littérature, souple et concise ; dans notre musique vive, délicate et légère ; dans nos produits parisiens, gracieux et élégants ; dans nos modes coquettes et sémillantes ; dans notre architecture et notre sculpture où nous n'avons pas de maîtres. En un mot, dans tout ce qui réclame de l'esprit, de l'imagination, de l'initiative, du tact, de la gracieuseté.

Ne demandons pas tout cela à la race allemande : c'est une balourde personne. Sa grosse tête carrée est pleine de bon sens ; mais les subtilités s'y brouillent.

Rien de plus pesant que la prose allemande. La phrase n'y est ni incisive, ni alerte. La pensée n'y saillit pas tout d'abord ainsi que dans le français moderne. Elle est comme ensachée avec le verbe au fond de longues et filandreuses périphrases.

Le règne de Frédéric-le-Grand introduisit dans la langue allemande une pullulation d'expressions et de mots français. Toutes les petites cours et la haute société d'alors semblent honteuses de la langue maternelle et adoptent nos manières et nos mœurs. Chaque petit prince copie le grand roi prussien qui copie la France, et sur toute l'Allemagne s'étend un reflet de la cour de Versailles. Aujourd'hui le reflet n'est pas encore éteint. Tous ces mots hybrides sont si profondément ancrés que les nombreuses tentatives faites, depuis nos désastres, pour les déraciner ont échoué. On ne détruit pas en un jour ce que l'usage populaire a sanctionné.

D'autres essais ont été tentés, dernièrement, pour fixer cette langue où se mêlent tant de dialectes différents. Des savants et des professeurs ont demandé, dans ce but, d'établir une académie comme la nôtre. On enseigne dans les écoles une orthographe nouvelle et simplifiée d'où l'on bannit toute lettre inutile ou muette. La plupart des auteurs abandonnent la vieille écriture gothique pour se conformer au goût des autres nations. Malgré tout, on ne changera jamais le génie de la langue allemande. Autant sa poésie est simple, aisée, pleine de charme et d'une grande variété d'expressions, autant sa prose est lourde, froide et embrouillée. Dans les salons, on sait parfois babiller, mais la causerie y est inconnue.

La causerie! C'est l'art du salon français. Il lui faut notre phrase brève où la pensée jaillit rapide d'une conception instantanée, aidée du geste désinvolte, de l'abondance élégante, de l'imagination alerte. Aussi quelle vivacité et quel

délié dans cet art si bien français qui, papillon-
nant émaillé de paradoxes, va du profond au
badin, du sérieux à l'amusant sans amener la lassitude et sans aridité. Un mot d'oubli, et voici
toute une échappée d'idées improvisées; un mot
de trop, et aussitôt une prompte réplique, une
finesse, un bon mot.

Dans les produits allemands, n'exigeons ni
l'imagination qui crée, ni le goût qui façonne et
assouplit, ni le tact qui harmonise. Nos produits
à côté des leurs semblent faits par la main délicate d'une femme qui a rêvé et caressé son œuvre.
L'Allemand, pourtant, nous copie; mais l'outil de
son artisan ne sait effleurer, il s'appesantit, taillant, dégrossissant sans pouvoir atteindre au fini
français. Il faut au Germain son large verre à
pied massif et colorié dans lequel il ingurgite une
pinte de bière, comme il lui faut la grosse farce
qui bouffit sa figure et met des hoquets dans son
rire. Une fine coupe de cristal-mousseline serait
pour lui un dé fragile, et dans sa gaucherie brutale il la briserait.

Depuis quelques années, la fashion anglaise
semble prévaloir dans les habillements d'hommes ; mais la France aura toujours le monopole
du vêtement féminin. Dans toute l'Europe, son
journal de mode fait loi. C'est que la Française a

l'intuition du goût. Elle ne heurte ni les tons ni les étoffes. D'instinct, dans toute la gamme des nuances, elle choisit, sûre de son tact, et soyez certain, elle a réussi. Si la mode lui est hostile, elle la tourne et semble y céder. Si elle lui plaît, elle ne la copiera pas servilement : elle veut y mettre sa pointe capricieuse d'originalité, son genre à elle, son cachet individuel. Que ce soit la vanité ou la modestie qui la guide, ce cachet est toujours charmant et lui sied à ravir.

En allant à son atelier ou en en sortant, la jeune ouvrière sait que sous sa jupe courte de mérinos ou de percale, trotte menu une bottine toujours bien cambrée. Aussi bien la grande dame, avant d'aller au bal, pressent qu'à l'éclat des bougies, son teint deviendra éblouissant, rehaussé d'une auréole de perles, de diamants ou de fleurs.

La jeune Allemande, avec le même patron pour modèle, fagotera la mode. Chez elle, pas de souplesse de tact, pas d'initiative d'imagination, pas de délicatesse de goût. Elle suit la mode parce que c'est la mode ; mais elle ne sait l'harmoniser à sa personne. Une toilette tapageuse en France est grotesque au delà du Rhin ; une innovation un peu audacieuse chez nous devient une ridiculité là-bas.

Les jeunes filles, cependant, sont souvent jolies, mais d'une beauté un peu brute : l'agrément manque. Habituées, dès leur enfance, à une grande indépendance d'allures, leurs manières s'en ressentent et de bonne heure dégénèrent en sans-façon. Elles n'ont ni la mignarde timidité de nos jeunes filles, ni la gracieuse aisance de nos jeunes femmes. Ce sont des échappées de collége qui rient à gorge ouverte, caquetient, taquinent ou *sentimentalisent* selon l'impression du moment.

Quant à la grande dame allemande, elle est figée dans sa morgue. Son port, qu'elle veut majestueux, n'est que raidi d'orgueil, fier et comme à joints de bois.

Regardez une Allemande marcher ou manger, vous la reconnaîtrez tout de suite. Ce ne sont que des détails, mais ils sont caractéristiques. Le pas est lourd, sonore : le pied pose à plat dans toute sa largeur carrée, sans cambrure élastique, comme un poids qui s'écrase. Le corps n'a pas d'ondulations, de souplesse de reins : il se soulève et se porte tout d'une pièce en avant. Jetez un manteau militaire sur les épaules d'une Allemande de forte taille, au lieu du chapeau mettez un casque, vous avez un vrai dragon.

Examinons, maintenant, l'Allemand à table. Le voici qui commence : déjà ses yeux jouissent, les

bouchées qu'il enfourne sont drues et énormes ;
les os, il les empoigne à pleins doigts. Il ne savoure pas, il empiffre... et il va, il va toujours !...
C'est miracle s'il ne se fend pas la mâchoire avec
la lame de son couteau : elle lui sert à la fois de
cuillère et de fourchette. Avec la pointe, il mange
des petits pois, des pommes de terre, de la tarte...
Pendant les intervalles du service, il se cure les
dents, se déboutonne, plonge sa main graisseuse
dans le dessert, mastique une amande, croque un
bonbon, relit le menu : son palais doit toujours
jouir, sans repos ni cesse. Lui, il faut qu'il sue en
mangeant...

Et ne croyez pas que nous surchargeons le tableau. Quiconque séjourne seulement quelques
heures dans un hôtel d'Allemagne est frappé des
manières sales des convives à table d'hôte. La
femme y est la digne compagne de l'homme.
Avant dîner elle peut plaire ; à table elle répugne.
Ne lui parlez pas d'étiquette, de bienséance,
même de propreté. Sait-elle ce que c'est que de
tortiller l'aileron d'une volaille, froisser le joint
d'une écrevisse, égayer ses convives de saillies
vives ou originales, les mettre à l'aise en donnant
l'exemple du laisser-aller de bon ton et de la causerie intime ! Allons donc ! En Allemagne, on est
à table pour se lester, voilà tout.

II

La demeure allemande. — A travers quelques appartements.
Le sofa.

L'art de l'architecture en Allemagne a, peut-être, de savants calculs et raisonne à merveille ; mais, certes, l'inspiration de l'artiste fait tout autant défaut à l'architecte qu'à l'artisan. A l'un comme à l'autre, il manque, outre l'élégance dans l'initiative, cette souplesse de main, cette caresse de touche qui affine l'œuvre, l'achève jusqu'au parfait.

L'architecture de ce pays est généralement pesante ; toutefois exceptons de cette règle générale quelques beaux édifices publics clairsemés dans les grandes villes, ainsi que le quartier fashionnable de certaines localités.

Le style de la demeure du riche, noble ou parvenu, est un peu comme le caractère du banquier juif : cosmopolite. Cette habitation n'est ni un hôtel ni une villa, mais tient de l'un et de l'autre par l'ampleur de la construction et le pittoresque de l'emplacement. La cour de nos hôtels parisiens est remplacée ici, presque toujours, par un jardinet de massifs clôturé seulement par une grille. La succession de ces parterres verdoyants, qu'aucun mur ne masque, donne au quartier la physionomie d'un coin d'oasis au milieu de la froide monotonie du reste de la ville.

Après avoir parlé de l'exception, disons maintenant un mot sur l'habitation bourgeoise.

La vieille maison allemande est massive, mais solidement bâtie ; l'habitation moderne, plus plaisante d'aspect, est construite très fragilement. C'est une demeure faite en hâte de lattes et de briques mal jointoyées. Par-dessus cette bâtisse, on plaque une couche de plâtre, on badigeonne et la maison est bâclée.

Le home anglais, le chez-soi français sont inconnus ici ; même dans les plus petites villes, l'Allemand n'habite pas une maison entière : il n'occupe qu'un seul étage (1). C'est généralement un appartement de six à sept pièces : deux ou trois chambres à coucher, un cabinet de travail ou plutôt de loisir pour *le maître*, un salon, une salle à manger et une cuisine.

Voici la chambre à coucher : deux petits lits

(1) Cependant, dans le nord, aux environs de Hambourg, de Brême, de Emden, etc... presque toutes les maisons n'ont qu'un seul étage. Chaque famille a son chez soi.

sans rideaux, ordinairement en noyer, adjacents
et parallèles, quatre chaises, une table, un lavabo
et un guéridon de nuit; c'est tout le mobilier.
N'y cherchons pas le luxueux confort d'un sanctuaire intime, ni les mille futilités d'un boudoir.
Ici rien sur quoi l'œil puisse se reposer et faire
pressentir à l'esprit le caractère de la maîtresse
de la maison. La femme ne s'y révèle pas soit
par la forme capricieuse d'un meuble, la nuance
d'une tenture, le fouillis artistique d'une cheminée, le lourd moelleux d'un tapis... Elle n'y
laisse, même, aucune empreinte de son esprit ou
de son cœur. Point de fauteuils, de meubles de
paresse, de causeuses basses, aucun de ces co-
quets et douillets sièges faits pour le tête-à-tête,
le bavardage au coin du feu, la lecture intime.
Cette chambre est pour dormir, rien de plus.

Le salon a la même sécheresse de physionomie. Les tons des tapisseries et des tentures sont
heurtés. Le meuble de reps, de velours rouge ou
vert, est souvent vieillot et de seconde main.
Dans la grande noblesse, la haute finance et la
très riche bourgeoisie, on demande, ou plutôt on
demandait à un tapissier français, l'harmonie,
le cachet, l'originalité parisienne.

Parmi les classes moyennes, le modèle de
l'ameublement est un cliché consciencieusement

reproduit dans toute l'Allemagne: au milieu de la pièce, une table ronde ou ovale recouverte d'un tapis sur lequel s'éparpillent quelques volumes de poésies et l'invariable *Gedenkbuch* (1). Au milieu d'un des côtés latéraux, adossé à la tenture, le *fameux sofa* qui n'est qu'un simple canapé; puis quelques chaises, souvent dépareillées, et parfois, mais rarement, un ou deux fauteuils. Sur tous les meubles, une quantité d'ouvrages de broderie et de tapisserie faits à la main; au mur, *invariablement*, les photographies des membres de la famille et des tableaux à cadre de bois ou de plâtre doré. Dans un coin, le monumental poêle de faïence brune ou blanche, très pratique en hiver, mais en été morne comme une pierre tombale à ornements. Bien rarement le plancher est parqueté ; jamais il n'est ciré. On le peint de temps à autre avec une couleur jaunâtre, et l'usure y forme des plaques qui affleurent à la peinture comme les taches pâles d'un panneau usé.

Le sofa en Allemagne est la place d'honneur

---

(1) *Gedenkbuch* ou *Gebürtstagbüch* — livre de naissances. — Chaque jeune fille a un Gebürtstagbüch où ses amies et ses connaissances inscrivent leurs noms à la date de leur anniversaire. La plupart de ces livres-albums contiennent pour chaque jour, soit un proverbe rimé, soit un verset de la Bible, soit une petite strophe des meilleurs poètes.

et donne souvent lieu à une ridicule petite comédie
de salon. L'étiquette exige que toute personne
qui occupe cette place la cède à la nouvelle venue,
si cette dernière a une position supérieure dans
la société. D'ici vous voyez le tableau et assistez
à la scène : les deux dames font assaut de politesse et de gracieusetés accompagnées de toutes
sortes de petites mines féminines. Elles ont des
nuances de ton adorables d'impertinence, de
morgue ou d'humilité envieuse. Tandis que la
voix prend des inflexions courtoises, que la main
a des mouvements affables, le maintien reste fier,
le regard a des hauteurs, le sourire de l'arrogance.
La grande dame s'efface et décline par condescendance, l'autre insiste avec une humble modestie où perce souvent une pointe de jalousie.
Pendant cette petite scène tout le monde se trouve
un peu embarrassé, et la maîtresse de la maison
est sur la sellette.

III

La musique en Allemagne et la musique en France.

Dans tout ce qui touche au domaine abstrait de
l'imagination et de l'intelligence, le peuple alle-

mand a eu des élans sublimes; mais, rentré dans
la vie pratique, l'homme redevient mesquin : il
y est arriéré, presque primitif d'instincts. La civilisation n'a poli en lui que l'écorce, les rugosités
sont à fleur de polissure. Quand ses idées prennent corps l'expression en est brutale ; de grossiers
appétits percent à chaque pas. Voilà pourquoi
ses manières sont rudes, sa prose pesante, ses
jouissances bestiales, ses produits lourds, son architecture morne et épaisse.

En poésie et en musique, au contraire, son
aspiration tend vers l'idéal. Quels noms dans la
longue liste des compositeurs allemands! Et au-
dessus de presque chacun d'eux apparaît, à son
évocation, le limbe d'auréole du génie musical.

Au siècle dernier c'est lui qui crée la symphonie. Et à peine Haydn, le père de la musique
moderne, a-t-il innové ce genre, que son élève
le surpasse. Beethoven cherche un instant sa voie
sur les brisées et d'après les leçons du maître;
mais ce cadre est trop restreint, son génie a l'essor
trop puissant pour ne pas s'élever de lui-même,
et bientôt il plane, bien au-dessus, dans tout son
épanouissement et sa vigueur. Il faut au sym-
phoniste allemand une infirmité, non pour briser
cette puissance musicale, mais pour l'assombrir.
Il perd l'ouïe. Dès lors, le grand misanthrope,

déjà si sombre, devient taciturne. Dans sa jeunesse, son cœur jette de temps à autre sa note tendre, empreinte de mélancolique rêverie, et, comme un baiser d'amant qui boit une larme noyée de tristesse, elle fait évaporer l'amertume. Mais maintenant toute sa noire mélancolie éclate. Il y a des morceaux de son cœur dans le sanglot musical de ses plus sombres symphonies.

Qui oserait nier le génie musical de l'Allemagne, après avoir entendu les chefs-d'œuvre de ses musiciens? Dans ce pays la musique est sérieuse, parfois même sévère, mais toujours travaillée ou véhémente. La passion a des accents pathétiques, des transports qui empoignent et nous remuent l'organisme. Sous toutes ses faces, depuis les sublimes opéras de Gluck et de Mozart, jusqu'aux suaves mélodies de Schubert, cet art est admirablement bien compris.

Nous, Français, que demandons-nous à nos musiciens? De se conformer à notre humeur nationale. Pour nous, toute passion est une fleur, faible et délicate, dont le parfum nous entête, nous grise même, mais un instant. Nous n'attendons pas qu'elle soit fanée, ni même qu'elle s'évanouisse que déjà nous en cueillons une autre. Nous n'approfondissons guère les sentiments, nous les effleurons. Nos sens, nous les voulons chatouillés, mais légèrement, par une imagination riante. Notre esprit, subtil, est léger, prime-sautier, libre d'entraves. Avec ce tempérament l'art musical concorde. Il sémille, ciselé finement plutôt que profondément fouillé, et, avant tout, amuse et égaie. En même temps que l'oreille a ses ravissements, la lorgnette n'abandonne pas ses manéges.....

Pénétrons maintenant dans une salle de spectacle en Allemagne. L'opéra commence, généralement, à six heures ou six heures et demie, rarement à sept heures, et jamais plus tard. Le vestiaire est vaste; on s'y met à l'aise : quand le corps est libre l'esprit est plus dispos. Au signal donné tout chuchotement cesse, et c'est dans un silence profond, solennel les jours d'opéra célèbre, que se lève le rideau. En même temps, et contrairement à ce qui a lieu d'ordinaire en France, on affaiblit dans la salle la lumière qui se tasse sur la scène dans un éblouissement soudain. Dès lors, ni bruit, ni interruption, ni marque d'approbation ou d'impatience jusqu'à la fin de l'acte. Comme une étreinte brutale qui empoigne la lèvre et ne la lâche que meurtrie de volupté, la musique enserre tout entière l'âme de ce peuple grossier, mais dilettante, et c'est pour mieux jouir que son âme se maîtrise ainsi. Aussi pour la grandiose orchestration allemande il faut, comme interprète, le grand opéra, tandis que l'expression du génie musical en France se trouve dans l'opéra comique. Auber, mieux que tout autre compositeur français, en a peut-être été la vraie personnification (1).

Quant aux musiques militaires allemandes, elles sont excellentes grâce à un système tout différent du nôtre. En Allemagne, si le soldat-musicien n'a aucune perspective d'avancement, il jouit, en revanche, de grands privilèges. Le temps qu'il passe sous les drapeaux lui est moins pénible

(1) Nous pourrions citer de nombreux exemples pour montrer jusqu'à quel point la nation allemande a le culte de la musique. Nous nous bornerons à une seule comparaison. Darmstadt, qui est une ville de 40,000 âmes, possède un magnifique théâtre et une vaste salle de concert. Pour l'entretien du théâtre, le Grand-Duc accorde une subvention annuelle de 136,000 marks (170,000 francs). Cette somme est celle qu'il fixe, mais presque toujours il l'augmente. Il est vrai que si le Grand-Duc refuse cette subvention, le théâtre reste fermé. C'est ce qui est arrivé sous Louis II, grand-père du prince régnant actuel. — Amiens, qui est une ville de 74,000 habitants, n'a aucune salle de concert, et la municipalité n'alloue qu'une subvention de 32,000 francs pour la saison théâtrale. Un souverain est libre de ses deniers, c'est vrai; cependant qu'une subvention soit prise sur la liste civile d'un prince ou dans la caisse de la municipalité d'une ville, elle provient également, dans les deux cas, des contribuables.

qu'à tout autre : il est si peu soldat dans le sens de ce mot! Être soldat est pour lui une transition, mais elle est douce et lui permet de continuer son métier. Presque tous les concerts publics, les bals, les fêtes, ont lieu avec le concours de la musique militaire. Là, le soldat redevient civil; il endosse l'habit bourgeois et participe aux bénéfices de la recette. Qu'une fête villageoise ou mondaine ait lieu, il obtient facilement une permission, et, la clarinette ou le violon sous le bras, s'en va, moins soucieux du métier militaire que de son amoureuse. Aussi la place de musicien de régiment est-elle ardemment convoitée.

En France, au contraire, le musicien de régiment est plutôt soldat que musicien (1). Sa paye seule diffère de celle du troupier. En supprimant en 1872 la hiérarchie dans la musique on a tué l'émulation. Dès lors, sans aucun privilège, sans perspective d'avancement, le musicien découragé, n'a plus eu qu'un but : rentrer chez lui et reprendre son métier.

(1) En Allemagne, le musicien est soldat et touche sa solde comme soldat. Le chef de musique a le grade de sergent-major ou de maréchal des logis chef. Dans chaque régiment il y a une caisse subventionnée par les officiers pour acheter les instruments et la musique. Tout officier peut, de droit, faire jouer la musique devant sa demeure un certain nombre de fois par année, selon son grade.

La carrière du chef de musique français est tout aussi limitée. Son grade est celui d'officier, mais quiconque a vécu dans un milieu militaire sait que sa position est bien inférieure. Avec le système allemand l'armée perd quelques hommes, mais l'art y gagne; avec le nôtre, nous avons plus d'hommes de troupe, mais l'art en souffre et succombe.

DEUXIÈME PARTIE

LES COURS ET LA NOBLESSE

I

Un coup d'œil rétrospectif. — Dans une petite capitale. — Des
titres, des titres, et toujours des titres. — Mariages morga-
natiques des princes.

Le morcellement de l'Allemagne a eu son côté
utile : il a favorisé le développement de foyers
de lumières dans chaque petite souveraineté. La
rivalité, aiguillonnée par l'intérêt, l'ambition ou
la vanité, a créé plus d'une université, bâti plus
d'un édifice d'utilité publique.

Au point de vue intellectuel, envisagé dans
son ensemble, l'Allemagne est en plein progrès
en 1871 ; et quand Bismarck englobe dans son
filet aux mailles de fer cette agglomération de
petits États, il n'a à opérer qu'un remaniement
d'administration et de constitution. Les petits

princes ne font que changer de maître. Au lieu des grands souverains de l'Europe qui s'ingéraient dans leurs affaires d'État, ils n'en ont plus qu'un : Guillaume Ier, ou plutôt son chancelier. Habitués à baisser la tête, ils la courbent sous cette main inflexible qui s'appesantit, et, dociles, se résignent à n'être plus que les préfets de leurs États et les généraux d'une armée qui n'est même plus la leur (1).

Quant à l'aristocratie, elle reste stagnante, arriérée et encore imbue de préjugés nobiliaires presque féodaux. Les petites cours et le militarisme continuent à favoriser et à entretenir cet esprit de dépendance qui va, parfois, jusqu'à la servilité et à la platitude. Seuls, les grands centres manufacturiers et commerciaux sont affranchis. Dans les campagnes, dans les petites villes, surtout dans les capitales, l'essence de l'égalité n'a pénétré qu'un nombre bien restreint d'esprits. Nous ne parlons pas de cette égalité d'énergumène communiste qui, pour exister, demanderait le nivellement de l'intelligence et de l'énergie humaines. Celle que nous concevons, c'est l'égalité

---

(1) Le roi de Bavière, celui de Saxe et celui de Wurtemberg sont seuls maîtres de leurs armées en temps de paix ; en temps de guerre, ils les doivent à la Confédération.

morale : elle prend sa source dans la dignité personnelle. L'honnête homme, qui en comprend le sentiment, marche la tête haute, dédaigneux de tout homme taré, fût-il prince ou souverain.

L'Allemagne, cependant, a eu ses démagogues; ils ont été nombreux, passionnés, véhéments; leur voix s'est souvent fait entendre, entraînant et enthousiasmant une portion de la nation sans pouvoir, pourtant, jamais l'ébranler profondément. C'est que, pour atteindre au cœur d'un peuple jusque dans la hutte du paysan, la théorie ne suffit pas, il faut des faits, et il les faut brutaux et violents. Il nous a fallu, à nous, l'affouillement terrible du torrent révolutionnaire qui, secouant jusque dans leurs racines les préjugés féodaux, les a ébranlés : alors ils sont tombés d'eux-mêmes. Un choc n'eût pas suffi pour déraciner leurs germes pourris, mais ensevelis sous de si longs siècles.

A cette époque l'Allemagne est plongée dans ses travaux scientifiques et littéraires : la secousse de notre grande Révolution ne l'ébranle pas, elle la trouble à peine.

Comme toutes les nations de l'Europe, elle a sa part de reflet, mais pâle et peu régénérateur, et ce n'est qu'en 1840 que la nation étire son engourdissement, qu'en 1848 qu'elle s'éveille.

Pour mieux initier le lecteur aux mœurs allemandes, nous allons en faire le minutieux tableau.
Pénétrons avec lui dans une petite capitale au
moment où le prince régnant fait sa promenade
habituelle.

Le voilà là-bas, en simple redingote bourgeoise, qui flâne avec ses enfants ; ou bien il a re-
vêtu l'uniforme militaire et se promène avec un
aide de camp. Sur son passage quelques saluts
hâtifs et profonds : c'est le peuple pressé et
respectueux qui se découvre devant son souverain.

Jusqu'alors le sujet perce à peine ; mais qu'une
personne reçue à la cour vienne à passer,
cette physionomie bonhomme du bourgeois qui
prend l'air s'évanouit aussitôt. La servilité des
nobles ne permet pas à leur seigneur et maître
de se promener comme un simple particulier : il
faut qu'il soit toujours sur un piédestal, les pieds
au niveau de leur tête.

Dès que la grande dame l'aperçoit, elle s'arrête, fait face et s'humilie dans une profonde révérence. Le noble, immobile, met chapeau bas
et s'incline. Une telle marque de déférence servile étonne l'étranger ; ne pouvant croire que
des gens si bien habillés soient des domestiques,
il interroge le premier passant venu. Il sait que

dans une petite ville tout le monde se connaît et attend le mot de l'énigme. Neuf fois sur dix, le passant interrogé, au lieu de la phrase indifférente : c'est madame ou monsieur un tel, répondra avec importance : c'est un baron; ou bien : c'est une comtesse; et il en a plein la bouche.

Entrons ensuite dans un magasin avec cette grande dame. Le prince lui a peut-être dit deux mots en passant. Pendant l'*interrogation* son maintien a été humble, maintenant il est raide de morgue irritante, et, vaine et orgueilleuse, elle prend pour un semblant d'égalité cette marque de condescendance. A son tour à lever la tête, au tour du marchand à ramper. Si c'est une très grande dame, il est là, tout petit, multiplié dans son humilité, et à chaque instant fait ronfler le titre sonore. La dame n'a-t-elle que la particule nobiliaire, il y a accommodement : il lui donne le titre de courtoisie de baronne, et sur l'enveloppe de l'achat s'étale celui de *Hochwohlgeborene frau*, Dame très haut née.

Mais laissons un instant de côté la noblesse, descendons d'un échelon l'échelle sociale et arrivons à la riche bourgeoisie. Le maintien du marchand, aussi respectueux, est un peu moins humble. Le titre est remplacé par : très gracieuse dame — *gnœdigste frau*. — Un demi-échelon au-dessous, ce n'est plus que : gracieuse dame — *gnœdigste frau* — et sur l'enveloppe de ses lettres elle n'est plus que : bien née — *wohlgeborene*. — Encore un échelon plus bas : elle n'est plus rien du tout. La classe commerçante a trouvé son égale ; elle est familière, et, à son tour, va devenir hautaine avec la populace qui, elle, naît comme elle peut.

Ici, l'inégalité immanente à toute société, inégalité qui provient de l'infériorité intellectuelle ou pécuniaire et crée les classes de la société n'existe pas : elle fait place à des catégories bien tranchées. Et partout cette vanité puérile attachée au titre ! Toutes les couches sociales sont tellement imbues de ce préjugé que le mot égalitaire de madame froisse aussi bien la grande dame que la femme du petit employé. Celle-là met son orgueil dans son titre nobiliaire ; celle-ci dans le titre officiel de son mari : l'homme est maître et dominant, la femme appetissée, effacée dans son ombre...

N'est-ce pas, en effet, faire apparaître la sphère sociale que de donner à une femme des titres tels que ceux-ci : madame la capitaine — *Frau rittmaster* ou *Frau Hauptmann* — madame la conseillère de justice — *Frau Jüstiȝrath* — madame l'avocat — *Frau Advokat* — madame la

prédicateur de la cour — *Frau Hofprediger*. —
La femme d'un simple employé comptable sera
Frau calculator. — La femme d'un forestier en
chef : *Frau Oberforstmeister*, etc., etc...

Aucune de ces femmes n'est égale comme
épouse ou mère, pas plus qu'elle n'est souveraine
par la beauté : elle n'est qu'une femme de mari,
mais non une épouse, une compagne. Est-elle
d'une origine roturière et l'époux officier supérieur? seul, il sera admis aux réceptions de la
cour ; la roture de madame reste à la porte.

Ce n'est pas seulement la femme de la société
qui subit de telles humiliations ; le code royal ne
reconnaît pas pour légitime le mariage morganatique des princes du sang. Et combien parmi eux
contractent de telles unions ! Les enfants issus de
ces mariages ne portent que le titre de leur mère.
L'orgueil du sang proscrit l'hérédité du nom pa-
ternel et raye impitoyablement leur blason de la
barre des bâtards. L'épouse, fût-elle de vieille
noblesse, doit échanger son nom de famille contre un titre de princesse ou de baronne. Pour
compensation, on la crée généralement altesse
sérénissime.

Souvent le mariage morganatique sanctionne
une liaison antérieure avec une maîtresse, femme
de théâtre ou autre. Ce titre de baronne ne sert,

alors, qu'à élever la vanité de la femme au niveau
de l'orgueil du prince, et, dans ce cas, il légitime
un scandale. Mais quand l'homme, libre dans
son choix, prend à la face de tous une compagne
selon son cœur, la loi qui prescrit au prince d'a-
baisser la mère de ses enfants est indigne, dans
son iniquité féodale, de figurer dans un code du
XIXe siècle.

Aussi quiconque entrevoit l'histoire à travers
l'état de choses présent, sourit peut-être, mais ne
s'étonne pas de la mystique ingénuité de Frédéric-
Guillaume IV. Il comprend que ce roi, qui voulait encore ne tenir son rôle que de Dieu, n'ait pas
aboli la loi féodale déclarant nul et illégitime le
mariage entre un noble et une roturière. Cette loi
ne fut abrogée qu'en 1858.

II

Au spectacle : Français et Allemands dans les coulisses de la
scène et dans les coulisses des loges. — Les grandes délaissées.

Revenons à la cour, allons assister avec elle à
une représentation théâtrale. Le souverain y est
venu en uniforme, la souveraine et les princesses

en toilette de soirée. Il faut aux reines et aux princesses du sang deux qualités : pour le peuple, la beauté qui dédouble, rehausse d'éclat le diadème ; pour le trône : la fécondité.

Quelque familiers que soient à la foule les traits de ses souverains, de tous les côtés de la salle la lorgnette du public fouille, avec une curiosité insatiable d'iconolâtre, cette grandeur qu'il n'aperçoit jamais que de loin. La loge royale ou grand'ducale, quand elle n'est pas une vitrine, n'est souvent qu'une sellette. Une souveraine, avant d'être femme, est souveraine. Devant le peuple, elle doit mettre une sourdine à son rire, un arrêt d'étiquette à son geste, une réserve rigide dans son maintien. Quant à sa toilette, elle passe du bout de la jumelle sur les lèvres babillardes ou mordantes qui la commentent, la critiquent ou l'envient.

Toutefois, les diverses appréciations ne viennent ni des galeries, ni du parterre. Pour le peuple, dans certaines localités de l'Allemagne, un roi n'est pas encore un homme, c'est une Majesté qu'on contemple sans commentaires. Ces conversations d'entr'actes ont lieu dans les loges des premières, réservées à la noblesse et sont d'autant plus faciles que le système d'abonnement les favorise.

L'abonnement personnel et isolé est l'exception en Allemagne. En général, deux et quelquefois trois familles se cotisent et louent collectivement la *même* place. On s'arrange ensuite pour avoir son jour et se retrouver entre amies. Une loge devient ainsi un petit cercle d'intimes, un rendez-vous périodique, où, aux entr'actes, on discute parfois la pièce, quand elle est nouvelle ou intéressante, mais où toujours on déchire ses amies.

Là, comme partout ailleurs, aucune fusion des castes. Dans les théâtres royaux, grands-ducaux, les huit loges d'avant-scène appartiennent au souverain, le premier rang des fauteuils d'orchestre est réservé aux officiers, et les loges des premières sont louées pour la saison par la noblesse. L'échelle sociale s'étage ensuite, mais en sens inverse, ayant au faîte le peuple ; puis en bas, aux fauteuils, derrière le privilège de l'uniforme, les commerçants, leur femme, leur fille ou leur fils, à tour de rôle ; et plus loin, au parterre, un membre de la famille du boutiquier ou du petit employé.

Au théâtre, ainsi que dans la société, l'homme du monde allemand est le parvenu de la civilisation comme M. Jourdain est le parvenu de la société. S'il se laisse aller, il se déboutonne, jouissant à pleins sens étalés; ou bien il sera trop à l'étiquette, sans cesse sur ses gardes, gauche, emprunté. Regardez-le pendant que le parterre applaudit une danseuse; il reste gourmé, raide, froid. Pouah! ce n'est pas bon ton de se gorger ainsi de plaisir..... en public.

Le Français, au contraire, n'a besoin d'aucune retenue, sa nature est cultivée : elle peut s'abandonner. Bien rarement il se débraillera dans le plaisir. Il ressent une satisfaction, et vivement, sans emprunt, d'un mot qui ne peut choquer personne, il traduit cette impression. — « Ah! délicieux ! charmant ! Elle est adorable ce soir... » Très soucieux de l'effet à produire, il a sans cesse en main un fil conducteur : l'intuition du ridicule. Si ténu que soit ce fil, ses sens délicats le perçoivent toujours. Il a appris que l'amour radote, que la passion balbutie; écoutez-le au foyer : il babille, c'est le caprice. Quoiqu'il sache que le cœur de certaines filles ressemble à une dent cariée qui, plombée d'or, paraît encore bonne, il s'inclinera devant l'une d'elles pour en atteindre la bouche... en face de ses amis. Mais dans l'intimité ce roué sera ingénu : il tâchera de découvrir un petit coin intact dans cette âme gangrenée. Le masque du viveur, du blasé, du lovelace qu'il se pose sur son propre

cœur n'est tout noir que de vanité... Qu'il fasse sa
cour dans une loge, il sera affable, sémillant. Il a
l'œil chaud, la lèvre jouisseuse. Elle, notre mondaine, le paie en la même monnaie. Elle sait fort
bien que l'œil est le miroir de l'âme; aussi ses
yeux ne reflètent que..... des mirages. Chacun
tient son fil conducteur à la main, et sur chaque
visage la vanité jette son travestissement. Nous
avions dit masque, le mot est trop lourd. Ce dégui-
sement n'a rien de hideux, rien d'hypocrite. Il
est posé avec tant d'ingénuité, il se moule si bien
sur les traits, il est si brillant! N'est-ce pas plutôt
un fard? En conscience, peut-on dire que notre
coquette masque son cœur? C'est un Protée qui
prétend être un Sphinx, voilà tout.

L'Allemand est tout au rebours. Il ne peut se
présenter devant une dame qu'un code de savoir-
vivre en main ou dans la mémoire. Ne fallait-il
pas à M. Jourdain un maître de danse pour qu'il
pût faire ses trois saluts à la marquise? Dans le
monde, l'Allemand n'abdique pas le moi humain,
mais il métamorphose sa personnalité : elle devient un sosie quelconque. Vous avez vu le Français s'incliner devant une ballerine : c'était juste
assez pour atteindre la bouche. Examinez l'Allemand, il se courbe jusqu'à terre et ne parvient,
cependant, à être que l'antithèse de l'amant de

cœur..... Ou bien il traite la jeune fille du haut de sa condescendance, il passe dédaigneux..... en public. Mais... un des masques les plus odieux de l'envie est le dédain.

Si vous le voulez bien, nous allons délier ces masques ; et, puisque nous en avons le loisir, embrassons d'un coup d'œil toutes les salles de spectacle de l'Allemagne, petites et grandes.

Voyez-vous ici, là, là-bas, ce prince (1), cet autre, celui-ci, qui se promènent au foyer entourés de considération, de respect, d'adulation ? — Houp! un coup de baguette!... Vous êtes dans un charmant petit hôtel dont les honneurs vous sont faits par leurs altesses sérénissimes : Mesdames *Pirouettes*, X, Y, Z... en l'absence de leurs maris que vous venez de quitter...

Pénétrons, maintenant, dans les loges de la noblesse.

Remarquez les dédains des sourires, les commentaires des regards, les mots brefs, incisifs des potins..... Mais houp ! enlevons le voile !... Que d'effondrilles au fond de tous ces cœurs ! Est-ce le dépit en bouillonnant qui les y a laissées ?... Est-ce l'ambition qui a subi un

______

(1) Par *Princes*, nous entendons et nous *entendrons désormais* non seulement les souverains, mais leurs parents : oncles, fils, cousins, neveux, beaux-frères, etc...

échec?... Est-ce que la passion, simulée par
l'orgueil, a été percée à jour, dédaignée ?... De-
vinez! Mais surtout remettez bien vite le masque de la pudeur sur ces cœurs qui ont tant
de bonne volonté... mais dont la devise est :
Vertu!

Un peu plus loin, un groupe de douairières a
lorgné pendant la représentation un bracelet de
diamants sur le bras d'une danseuse. Maintenant les langues vont leur train, *entre amies.*
Si l'amour est aveugle, l'amitié ne doit-elle pas
être lynx ?... Pourquoi aussi la pauvre petite,
toute rayonnante de joie, a-t-elle jeté de furtifs
regards sur l'impassible *Majesté, Altesse* ou
Sérénité ?

Mais le rideau se lève, tous les potins cessent.
Il faut conclure un armistice : le geste de sa main
fait chut! Le clignement de l'œil dit : à tout à
l'heure; et le sourire : allez, ce n'est pas tout,
vous en saurez bien d'autres !...

Si nous avons choisi les salles de spectacle
comme cadres pour esquisser ces diverses physionomies, c'est que là nous nous trouvons en
présence des principaux acteurs dans les intrigues princières : les souverains et les princes, le
grand monde et les danseuses. Car, il faut le dire
en face et hautement à cette aristocratie alle-

mande, si tolérante pour elle et si impitoyable pour la nôtre, c'est dans ses rangs et dans le corps de ballet que les princes choisissent leurs maîtresses. Les danseuses on les paye, les autres s'offrent, l'orgueil appâté par ce titre de maîtresse de roi, de grand-duc, de prince.

Nous comprenons les défaillances du cœur, ses méprises, jusqu'à ses fugitifs caprices, et laissons les tribunaux divulguer, en écartant des rideaux d'alcôve, les causes des nombreux divorces en Allemagne. Ici, nous ne voulons que retourner d'un coup de plume un postiche gonflé de mesquin orgueil qui se plaque sur le cœur. Et puis nous avons à conscience d'infirmer cette critique envieuse de la noblesse allemande qui traite notre capitale de *Babylone moderne*, et, de chacune de nos mondaines, fait une courtisane.

Nous venons de voir les maîtresses des princes, pénétrons maintenant auprès des femmes légitimes; mais ne choisissons pas un jour de réception officielle : nous n'y découvririons qu'un masque de qualités factices et de commande. Le diadème demande un front altier et la souveraine qui le porte ne peut, ni baisser ni détourner la tête pour cacher ou essuyer une larme. Laissons évanouir ce décor un peu théâtral de la grandeur, écartons la platitude de l'entourage, arrivons au for intime de la femme. Là, dans l'isolement, notre vieil adage français : « Noblesse oblige », est bien la seule devise. La fierté du sang en fera souvenir le cœur dans ses moments de défaillance et le raffermira.

Elle est longue la liste de ces délaissées royales ! L'une, nature aimante, sympathique et douce, a rêvé d'être le génie bienfaisant de son peuple, et son nom est à la tête de toutes les œuvres charitables de son royaume. Une autre, bientôt sur le trône, cœur plus froid, esprit sceptique, caractère fier et hautain, demande aux discussions sur le matérialisme et le positivisme des jouissances intellectuelles et des satisfactions d'amour-propre. Celle-ci, imagination mystique, retirée forcément du monde déjà depuis longtemps, mène une existence molle faite de ce calme béat que la dévotion met au cœur des attrits ou des natures faibles qui cherchent en elle un refuge.

Combien d'autres, à côté de ces trois, les plus *illustres*, qui tâchent de trouver dans l'amour maternel, ou aussi dans la religion et la charité, là quiétude d'un cœur endolori, ou cherchent une lassitude momentanée dans le tourbillon des plaisirs mondains ? Et à la place de ces femmes d'origine royale, épouses, filles, nièces, cousines de souverains, toujours des grandes dames et des filles de théâtre !

III

Maison civile et militaire d'une petite cour. — Éducation des princes et des princesses. — Au bal de la cour.

Tous ces petits princes d'Allemagne que nous venons de voir si adulés de près et que l'envie, la jalousie ou la rivalité critique à distance, mènent un genre de vie fort simple, presque bourgeois. Leur maison civile et militaire est, cependant, montée sur le même pied que celles des plus grands États; mais les dignitaires qui la composent n'apparaissent que les jours de gala, de réceptions royales ou de cérémonie officielle. Ils font partie du décor et s'évanouissent avec lui.

Ces jours-là, avec cet air d'importance que donne la chamarrure, ils figurent tous en uniforme constellé de décorations. En Allemagne, tout le monde, d'ailleurs, porte l'uniforme, depuis le petit employé des postes jusqu'au vieil Empereur qui donne l'exemple. Mais sans plaque ni rubans, ce costume est bien nu ; aussi est-il rare que le prestige n'en soit rehaussé par une brochette de croix, ou tout au moins par quelques médailles. Un aide de camp accompagne-t-il son maître auprès d'un souverain à l'occasion d'un baptême ou d'un mariage, on lui confère aussitôt l'ordre du petit état ; dans un second voyage, un autre prince le créera chevalier de *** pour un service analogue, et, après plusieurs promenades, il lui faudra vraiment sa large poitrine teutonne pour étaler toutes ses décorations.

Ceci semble une plaisanterie : ce n'est, pourtant, qu'un fait très réel. Chaque prince régnant a son ordre de chevalerie, et la faveur, plutôt que le mérite, en est la généreuse dispensatrice.

Voici la composition de la maison civile et militaire d'une cour d'Allemagne :

Un maréchal du palais, grand-maître des cérémonies.

Une grande-maîtresse des cérémonies.

Un grand-maître de la vénerie.

Un grand-intendant du palais.

Un grand-écuyer.

Et de service journalier, chacun d'eux à tour de rôle :

Deux ou quatre aides de camp.

Deux ou trois dames d'honneur.

Puis de service en permanence :

Un premier valet de chambre.

Une première femme de chambre.

Un premier chef de cuisine.

Un secrétaire particulier.

Dans quelques cours il y a un garde de bijoux, *Hofschatzmeister*, fonctionnaire dérisoire que crée généralement le favorisme.

Nous allons quitter momentanément la noblesse pour initier le lecteur à la manière de vivre des princes régnants et de leur famille.

En Prusse, dès l'âge de six ans, on confie à un gouverneur l'éducation des fils du souverain. Dans les autres États c'est, généralement, un peu plus tard. Dès lors, le tuteur choisi ne quitte plus son élève jusqu'à la fin de ses études scolaires. Il est aidé dans sa tâche par des maîtres spéciaux : professeurs d'histoire, de théologie, de langues vivantes, de musique, de dessin. Cette instruction primaire de l'enfant achevée, on initie tout de suite le jeune prince au métier des armes en remplaçant le pédagogue par un gouverneur militaire, et on l'envoie suivre, pendant quelques années, les cours d'une université (1).

(1) Chaque prince allemand apprend en outre un métier manuel.

Avec ce nouveau mentor le prince complète son éducation par des voyages à travers l'Europe et parfois au delà. Il acquiert ainsi une instruction solide et sérieuse. Malheureusement la méthode d'éducation paralyse trop souvent l'initiative personnelle et l'émotion spontanée de la jeunesse. Elle remplace la première par des préceptes, la seconde par l'expérience du maître. Plus tard le cœur s'en ressentira, et cette méthode engendrera trop souvent l'égoïsme, comme la servilité de l'entourage fait naître l'orgueil.

A dix-huit ans les fils des princes régnants reçoivent une rente d'État qui varie selon la principauté ou le royaume. Seule, la Prusse possède un trésor de famille d'environ 20 millions de marcs, 25,000,000 de francs, destiné à la dotation des princes.

Le programme des études des filles est tout aussi complet que celui des princes. Outre les trois langues, allemand, français, anglais, que chaque princesse d'Allemagne parle couramment, il comprend le dessin, la peinture, la musique, un peu de couture et assez de cuisine pour pouvoir pétrir un gâteau ou faire une crème.

C'est d'abord à une gouvernante qu'est confiée la tâche ingrate d'enseigner les rudiments de l'instruction; plus tard cette tutrice ne sera que surveillante. Les mêmes professeurs donnés aux fils achèveront l'instruction. La monotonie du programme des études, réglé d'avance et scrupuleusement suivi, n'est interrompue que par quelques visites princières, par les fêtes de famille et les vacances.

Avec quelle impatience de pensionnaire ce temps de relâche est attendu ! Si, entre souverains, le titre de cousin n'est qu'une ironie, pour leurs enfants, ce n'est plus un vain mot. Comme ces petites filles de nos jardins publics à qui une robe de velours ou des colifichets de dentelle servent de présentation, l'égalité, pour ces enfants de-rois, c'est la royauté. Entre gamines royales, on dépose à terre la couronne pour être plus libres dans ses ébats; et que vite, si presque toujours l'étiquette de la cour ne le lui défendait, la petite altesse de dix ans jouerait avec sa poupée !

Le soir, il y a bien le dîner cérémonieux et la soirée d'étiquette, mais ce ne sont que les grandes, après leur confirmation — vers quinze ou seize ans — qui y soient invitées. Pour elles, comme pour les plus jeunes, la variété des plaisirs fait passer le temps avec la même rapidité. Les jours de pluie, ou quand le temps menace, on joue sur le piano des morceaux charivariques à quatre et huit mains, on fait une partie de billard, on brode un coin de canevas pour le bazar des pauvres... Par les belles matinées ensoleillées, on s'en va chevaucher à travers la campagne, ayant pour toute escorte une dame d'honneur, ou bien on joue au lawn tennis, au croquet, etc.

Dans ces amusements, plus de contrainte, plus de retenue d'étiquette; le rire éclate franc, plein de sonorité juvénile et de malice pour les maladresses ou les chutes. L'après-midi on trotte menu par la ville, entrant dans les magasins acheter soi-même, étonnée et contente de passer inaperçue dans la foule, tâchant d'être humble par cette même réaction de sentiments qui fait étaler au parvenu sa richesse d'hier.

En général ce n'est pas Berlin qu'on choisit pour les excursions. Malgré la courtoisie de la cour et le semblant d'égalité des couronnes, le roitelet ou le petit grand-duc s'y sent un peu feudataire. On préfère Vienne, Londres ou Dresde. Avec la reine Carola on est *at home*; à Vienne et à Londres on s'amuse, de plus l'incognito dans la foule double le plaisir.

Mais voilà le temps des vacances envolé. Toute la famille, rentrée dans la capitale, a repris sa vie studieuse. Le souverain s'absentera encore, mais seul, en garçon. Avant d'être prince, il est homme et grand seigneur. Son ministre, ses deux chambres avec la haute surveillance de Berlin suffisent au petit Etat. Maintenant il faut tuer le temps, et l'individu va reparaître vertueux ou vicié, travailleur ou oisif. Celui-ci s'occupe d'administration, celui-là est un chasseur effréné, tel autre un mélomane maniaque. Ces diverses occupations, le théâtre, les concerts et les affaires courantes de la politique font écouler le temps ; puis vient l'hiver avec son cortége de plaisirs mondains.

A cette époque la cour organisera des parties de chasse et de traîneaux auxquelles est conviée la noblesse. A l'occasion des grands anniversaires elle donnera quelques fêtes de gala, e t, de temps à autre, une soirée plus intime. Avant les grandes réceptions il y a, presque toujours, quelques présentations officielles.

Pour être reçu à la cour il faut, d'abord, se faire présenter au grand maréchal du palais ou à la grande-maîtresse des cérémonies. L'un ou l'autre de ces dignitaires donne ensuite la liste des noms au souverain, et les personnes inscrites sont généralement invitées à la première occasion.

La réception commence d'ordinaire à huit heures. Déjà une heure avant le temps précisé les invités affluent : l'étiquette commandant d'être présent avant l'apparition des souverains. A leur entrée, le grand maréchal frappe à la porte et les annonce à haute voix. Les nouveaux invités forment alors la haie, et les présentations commencent sur le passage des princes qui se rendent à la salle des fêtes.

Cette cérémonie est très simple : la grande maîtresse fait la révérence et nomme chacune des personnes : le père ou le mari s'incline profondément, la mère ou la fille fait à son tour la révérence cérémonieuse et la présentation est faite (1).

Ne nous attendons pas à trouver dans ces fêtes royales le grand air et la solennité ; n'y cherchons même pas l'aisance ni la sémillance mondaine de nos salons. Si la femme allemande de la petite noblesse et de la bourgeoisie peut être appelée, à juste titre, l'ange tutélaire du foyer, nous ne pouvons dire avec Schiller que, hors de cette sphère étroite, « elle sème de roses célestes la vie humaine. » Rendons-lui cette justice : elle est bonne

---

(1) La réception que nous venons de décrire est celle d'une petite cour d'Allemagne. Dans les grandes capitales, le cérémonial est plus imposant et l'étiquette plus sévère. A Berlin et à Dresde, par exemple, la traîne de la robe de la reine et des princesses est portée, dans les grandes cérémonies nationales ou religieuses, par de jeunes cadets de la première noblesse.

mère et excellente femme d'intérieur; mais, en revanche, elle a les défauts contraires à ces qualités.

Ce qui lui manque, surtout, ce sont les qualités brillantes de la femme du monde : l'aisance, l'affabilité et cette politesse faite de charme et de tact qui, d'une inclination ou d'un geste, vous met à l'aise, d'un sourire vous remarque, d'une parole vous distingue. Voyez ce salon : la hauteur de la grande dame, le manque d'entregent, la gêne des plus humbles, ont fait disparaître l'originalité personnelle. Tout à l'heure l'esprit ne se mettra pas au niveau de la grandeur : devant le souverain le sujet seul percera.

Les jeunes filles sont en robes trop décolletées; les jeunes femmes ont des toilettes copiées sur la mode, mais non dictées par le goût ; les plus âgées sont vêtues plutôt qu'habillées. Il y a des exceptions, mais elles sont bien clairsemées. Çà et là, pourtant, comme des fleurs délicates dans une gerbe de blé, quelques Hongroises et Polonaises femmes de diplomates ou d'officiers. Malgré la fusion du sang allemand, le type de ces dernières est facilement reconnaissable. Leurs grands yeux bruns pleins d'ombre sous les longs cils noirs, leur carnation mate, les fines et fragiles attaches de la nuque et des membres contrastent avec la chevelure abondante et blonde, les yeux bleus et clairs, le teint blanc et souvent éblouissant, et les membres aux lourdes attaches de l'Allemande. Jeunes, elles apparaissent pailletant la monotonie des toilettes d'une individualité féminine qui comprend la mode comme une inspiration du tact, la beauté comme un charme plutôt qu'une régularité de traits.

L'homme est rude : sa politesse, toute en démonstration, ne va pas jusqu'à la courtoisie du cavalier servant. Son salut profond, exagéré, est encore courtisan. Ce n'est pas seulement le haut du corps, mais tout le torse qui se courbe dans deux ou trois inclinations répétées de suite, selon la qualité de la personne saluée. Sous le vernis mondain, la morgue ou la grossièreté se trahit bien vite. Dans ce salon même, il parle haut, avec de grands gestes, inconscient du ridicule, quoique très soucieux de la pose. Quand un bon mot s'entend, il est au gros sel.

Ce peuple, cependant, a été appelé le grand idéaliste : c'est qu'on avait lu ses poètes sans l'avoir visité. Certes, c'est une nation intellectuelle que l'Allemagne ; individuellement, elle est souvent très sensée, parfois même spirituelle ; mais son esprit est comme son tempérament, épais ; il aime la charge qui amène le gros rire, plutôt que la saillie délicate qui fait naître ce sourire à bouche fermée si plein de finesse...

Mais voici les souverains précédés de l'huissier qui font leur apparition. La salle est silencieuse. Tous les regards se tournent vers eux. Le grand maréchal vient inviter, de la part de la souveraine ou d'une princesse, un des hauts dignitaires, par la formule traditionnelle : « Sa Majesté ou son Altesse vous fait l'honneur... » Les premières mesures de la musique résonnent : le bal est commencé. Tout autour de la souveraine ou des princesses le respect laisse un large circuit vide. Insensiblement l'animation se ravive : *on ose danser*. La haute noblesse donne l'exemple, les hobereaux l'imitent.

D'ordinaire ces réceptions sont suivies d'un souper auquel la famille royale, grand'ducale ou princière n'assiste pas; elle est servie à part. La fête est alors presque à son déclin; les souverains ne feront plus qu'une courte apparition et se retireront.

Le départ du maître fait renaître l'animation de la première heure. Lui parti, on est presque égaux. Dans les quelques danses qui ont encore lieu, la gaieté, devenue bruyante, n'est plus paralysée par la contrainte; puis, peu à peu, la foule s'écoule et les salons deviennent déserts.

Le prestige de la royauté est loin d'être éteint
dans l'entourage des princes en Allemagne; et ils
le savent bien. En n'abolissant pas le cérémonial
de l'étiquette, ils entretiennent un des éléments de
la vitalité de ce prestige. Parmi ces invités de la
noblesse que nous venons de voir silencieux et
humbles courtisans devant le souverain, la vanité
ou l'intérêt peut simuler des convictions ou en tenir
lieu chez quelques-uns d'entre eux, mais le plus
grand nombre, malgré leurs critiques à *distance*,
professe le culte héréditaire et presque superstitieux d'avant la Révolution.

IV

Dans le monde. — Charité et mondanité. — Chez le conditor.

Si nous quittons la cour pour nous rendre le
lendemain à une soirée dans le monde les aspérités du tempérament allemand apparaîtront plus
saillantes encore. Chez son souverain il manquait
d'aménité de manières, ici le savoir-vivre lui fait
défaut. Entre ce salon d'une capitale d'Allemagne
et un des nôtres tout rapprochement devient impossible.

Chez nous, la femme, vite expérimentée, est le charme de nos sociétés; en Allemagne les jeunes filles bavardent sur des riens avec les jeunes gens; les hommes discutent avec tumulte. Au cercle ces argumentations, plus violentes encore, sembleront de gros mots à l'étranger qui ne comprend pas la langue; et, à chaque instant, il s'attendra à une bataille. Peut-être est-ce de ce grand vacarme à propos de babioles que provient notre expression : « Une querelle d'Allemands. »

Comment comparer cette turbulence enfantine à nos causeries? Cette animation tapageuse à la correction élégante d'un salon parisien?

Dans la bourgeoisie nous verrons plus tard les femmes apporter leur ouvrage; le thé sera parfois remplacé par un bol de vin chaud ou un saladier de *mai-wein* (1), la conversation par les jeux innocents. Les gages baroques, les prophéties taquines soulèveront des rires bruyants qui couvrent le bruit des aiguilles tricotant un bas de laine ou brodant un antimacassar. Tout en s'oc-

(1) Il se trouve, dans les forêts d'Allemagne, au mois de mai, une plante nommée *maikraut* ou *waldmeister* qu'on fait infuser avec du sucre et de l'orange pendant quelques heures dans un bol de vin blanc. Ce vin qu'on appelle *mai-wein* — vin de mai — prend alors un goût parfumé assez fort.

cupant de leur ouvrage, les mères causent ménage, cuisine ou commentent les faits divers de la localité. Quant aux maris, ils sont au club ou à la brasserie.

Ici, dans ce salon de la noblesse, la conversation est un peu plus relevée. La grande dame allemande (nous ne parlons pas de la petite noblesse), s'efforce de copier l'affabilité souriante de la Française ; mais jamais elle ne réussit à acquérir cette vivacité d'allure, cette habileté intuitive, qui permet de toucher à tout, aussi bien aux derniers chiffons mondains qu'à la question politique du jour. Malgré sa bonne volonté de se multiplier dans sa gracieuseté, l'Allemande laisse percer l'orgueil. Elle ne sait pas rapprocher la privilégiée du *sofa* de l'humble sous-lieutenant assis gauchement sur sa chaise ; il faudrait de la souplesse pour alimenter la conversation : elle y met de la raideur. Si vous êtes étranger, Anglais ou Français, elle vous parlera en votre langue ; mais elle le fera en bas-bleu, pour montrer sa science, plutôt qu'en femme du monde qui, entre un sourire et une coquetterie, trouve le temps de placer une idée, un mot, une amabilité.

Heureusement la musique va la tirer d'embarras.

La personne qu'on a priée de jouer, s'est mise au piano sans timidité ni affectation, et le morceau qu'elle a choisi est exécuté avec la certitude de l'artiste qui comprend toutes les nuances de sentiment du compositeur.

On a pris, auparavant, une tasse de thé ou de café servie par la maîtresse de maison, aidée de ses filles et de quelques-unes de leurs amies. Dès l'âge de quinze ans la jeune fille allemande commence son apprentissage de femme d'intérieur. Ce n'est que dans les familles princières que le service est fait par des domestiques.

L'aspect général de ce salon est semblable à celui de la cour. La soirée a commencé de très bonne heure, et il y a eu fort peu de retardataires. Dès la porte, les grands saluts cérémonieux ont été échangés : profonds et exagérés devant chaque connaissance et à chaque présentation. Vers minuit ou une heure, ils recommencent. A la sortie monsieur allume un cigare pendant que sa femme, sa fille, sa fiancée ou sa sœur cherche sa sortie de bal et s'en couvre les épaules comme elle peut.

La musique est bien le grand art national allemand. Elle est partout dans la nation : dans la cabane du paysan comme dans l'hôtel du millionnaire ; et partout on l'écoute avec plaisir.

Dans les calamités publiques c'est elle le grand auxiliaire de la charité.

En France la charité mondaine, toujours inépuisable, est un peu parisienne ; et, comme cette coquette et capricieuse, elle aime les métamorphoses et l'imprévu. Si on la personnifiait, il faudrait la représenter l'œil humide et voilé de pitié, mais tenant à la main un tambour de basque ; ou bien faisant l'aumône de la main droite, et de l'autre harmonisant un pli de robe.

Au contraire, en Allemagne, les fêtes de charité sont graves. Survient-il une catastrophe, le souverain proscrit les réjouissances publiques ; lui-même donne l'exemple du deuil en interrompant ses fêtes officielles. C'est ce qui a eu lieu dans presque toutes les cours, petites ou grandes, lors des inondations de 1882.

Les concerts de charité sont, en revanche, fort nombreux. L'instigatrice de ces fêtes est, généralement, une femme ou un groupe de femmes de la noblesse ; les interprètes du programme, quelques jeunes filles et jeunes femmes du monde, aidées d'un ou deux artistes et des sociétés chorales de la ville. Le plan, une fois ébauché, la grande affaire est d'arriver à une salle comble. On tâchera tout d'abord, avant de se mettre en quête pour placer les billets, d'obtenir un nom princier en tête de la liste de souscriptions. Si la souveraine donne l'exemple, le soir de la fête venu, toutes les places seront occupées. Malheureusement la recette n'est pas toujours belle : le propriétaire de la salle en a fait payer la location, le concours de la musique n'a pas été gratuit, et il y a eu tant d'autres menus frais absorbants, que les pauvres, les orphelins ou les inondés n'ont plus que bien peu de chose.

L'élan prime-sautier, presque irréfléchi, naissant de l'émotion, manque à ce peuple. Pondéré dans ses opinions, intéressé et servile, brutal jusqu'à la violence, d'un caractère lent et froid, tenace dans sa volonté continue, l'Allemand a, dans quelques-unes de ses qualités, les contrastes des nôtres qu'il méconnaît souvent. Dans notre vanité il n'aperçoit ni nuances délicates, ni mobiles nobles ; dépouillée ainsi, il en émerge un fat grotesque et fanfaron qui, sur son théâtre, a longtemps personnifié le Français. De même nous ne voyions autrefois, dans le bon sens pratique de l'Anglais, que le côté ridicule.

Et ce peuple qui nous juge ainsi est celui dont la noblesse, hautaine, orgueilleuse, est la plus irritante de suffisance et de morgue, sans avoir pour compenser ou faire pardonner ses défauts, ni beau passé politique, ni autorité morale ou intellectuelle, ni suprématie en richesses sur les autres classes de la société. Mais quittons ce parallèle que les détails de sa vie intime nous feront reprendre plus tard.

Les fêtes et les réunions sont assez nombreuses en Allemagne, même dans les petites capitales. D'ailleurs, pour les ministres, le corps diplomatique, le corps d'officiers une réception annuelle est une obligation doublée souvent d'un ennui et d'une grosse dépense. Plus d'un, ce jour de fête de commande, ne peut déployer qu'un luxe d'emprunt, et c'est de l'hôtel renommé de la ville que lui viendront son personnel de domestiques, et sa vaisselle. Outre ces réceptions privées, il y a les bals et les concerts des Sociétés, des Cercles (*Verein*). Car il est bien rare qu'un Allemand, noble, bourgeois ou paysan, ne soit membre de quelque association.

Ce chapitre étant consacré à l'aristocratie, nous ne décrirons que le casino de la ville. Dans les chapitres suivants nous parlerons des clubs populaires, des brasseries et des auberges.

Le casino des villes d'Allemagne est inconnu en France. La physionomie de celui de nos villes d'eaux et de nos ports de mer est toute différente : la clientèle n'y est qu'un va-et-vient hétérogène, un chassé-croisé mondain.

En Allemagne, le casino est, à la fois, le cercle de la noblesse de la riche bourgeoisie et un lieu de divertissement pour les familles de ces deux classes de la société. Les femmes en peuvent être membres moyennant une faible souscription annuelle. Tous ces établissements possèdent un restaurant, une salle de jeux, une bibliothèque, un cabinet de lecture et une salle de bal admirablement entretenue (1). L'hiver, une fois ou deux par mois, le comité y organise de grands bals. Souvent c'est là que la jeune fille fait son entrée dans le monde, car plus d'une, parmi les plus pauvres, ne connaîtra jamais un milieu plus mondain. Là aussi s'échange bien des serments de fiançailles, cette préface du mariage allemand.

L'été, des concerts en plein vent et des soirées dansantes remplacent les grands bals de l'hiver.

Il est dix heures. Le jardin est illuminé. Déjà depuis deux heures le concert est commencé. Les innombrables tables rondes et ovales, disséminées çà et là, sont occupées par les familles les plus notables de la ville. On a soupé sous les arbres; sur la nappe desservie, les garçons affai-

---

(1) Les salles de bal sont très nombreuses en Allemagne. Il s'en trouve une dans tout bon hôtel.

rés servent maintenant du café au lait et de la bière. Dans les allées, des groupes de jeunes gens, des couples de fiancés, des bandes de jeunes filles en demi-toilette de soirée, vont et viennent rieuses et bavardes. De temps en temps une bande s'arrête : elle est accostée par un cavalier qui requiert un tour de danse.

Certes, nous l'avons dit, dans toutes ces réunions l'aisance de nos manières et notre souplesse de tact font défaut, mais nous ne pouvons refuser à ces jeunes filles une grande franchise d'allures et de caractère ; et peut-être, mieux que nos enfants, comprennent-elles ces divertissements.

Maintenant que le temps a fraîchi, regardez quel entrain dans la salle de bal. Comme la valse a émérillonné tous les yeux. Quelques gros rires détonnent bien, quelques jeunes filles sont bien fagotées... mais l'épanouissement de la joie chez la jeunesse n'est-il pas, par lui-même, un grand charme ? Écoutons la musique de Strauss, en contemplant ce plaisir favori de l'Allemagne : la danse, et ne soyons pas un critique trouble-fête...

On a dansé deux heures. Il est minuit, tout maintenant est évanoui. Jusqu'au prochain bal la femme ne reparaîtra plus qu'au jardin. Par les belles journées d'été quelques familles viendront prendre le thé sous l'ombre tiède des grands arbres, mais l'intérieur du casino appartient désormais aux hommes. Dès le lendemain ce cercle reprend sa physionomie bonhomme de club de province. Ce n'est plus qu'une paisible parlote où quelques vieux abonnés viennent tuer oisivement une heure ou deux en jouant, causant, discutant politique : car la jeunesse ne fréquente guère le casino, elle préfère la brasserie.

Voici le vieux général en retraite qui, ponctuel comme l'habitude, décroche au râtelier sa longue pipe au fourneau de porcelaine et la bourre méthodiquement en attendant son adversaire quotidien. A côté de lui, attablés devant leurs vastes chopes au couvercle d'étain ou d'argent gravé à leurs initiales, Herr député von *** et Herr doctor *** ont déjà enfourché leur dada quotidien. Plus loin c'est le chargé d'affaires anglais qui fait une partie de *poule* ou de *pyramide* avec un de ses compatriotes. Là-bas quatre vieilles culottes de peau recommencent une éternelle partie de cartes...

Vers dix heures et demie ou onze heures, toute cette clientèle moutonnière se dissipe. On s'en va par petits groupes, selon la vicinalité des domiciles, commentant les faits divers de la localité, discutant un coup de veine : le vainqueur avec la même phrase innocemment taquine de la veille et du lendemain, le vaincu avec la même saillie au gros sel...

Un autre endroit de couleur bien locale est la « *Conditorei* » qui signifie confiserie-pâtisserie. Malgré son nom, cet établissement n'a que peu de ressemblance avec nos confiseries à la mode. C'est une boutique de pâtisseries flanquée de deux cafés-salons en velours grenat, rouge ou vert. L'un est réservé aux fumeurs, l'autre aux dames. Dans le premier, la « *haute volée* (1) » de la ville a l'habitude de venir l'après-midi prendre une tasse de café en fumant un cigare. C'est de bon ton : aussi dès deux heures et demie ou trois heures commence à la porte du « *conditor* » un incessant va-et-vient d'officiers et de gommeux.

Le côté des dames a une physionomie plus tranchée, franchement allemande : de même la station mondaine de la Française chez le pâtissier est bien parisienne. Voyez-la : la main dégantée, le petit doigt relevé, la mine friande, elle buvotte deux doigts de son vin favori, croque un gâteau, et la voilà envolée au bois avec son sac de bonbons pour le spectacle du soir.

(1) Cette expression française : « *Haute volée* » est employée en Allemagne pour désigner l'aristocratie : comme on dit en France la *high life* et en Angleterre la crème de la crème.

L'Allemande est plus ponctuelle dans ses habitudes. Il lui faut ses cinq repas à heure fixe. A huit heures elle déjeune, à onze heures elle casse une croûte (1), à une heure elle dîne, à quatre heures elle goûte, à huit heures elle soupe, et, parfois, à minuit, au bal ou en soirée, elle se met encore à table... volontiers. Regardez-la, elle s'est assise avec pondération et mange en conscience. Trois ou quatre gâteaux sont devant elle... les voilà avalés. Elle les arrose maintenant d'une ou deux tasses de café au lait ou de thé. Tout cela, c'est solide et sérieux ; et Mme de Staël n'avait-elle pas raison de dire : « Les Allemands mettent de la conscience dans tout. »

V

Éducation allemande et éducation française.

En Allemagne, le collége n'est pas pour l'enfant une captivité de dix années ; l'internat

______

(1) Il est usage *de manger un morceau* entre dix et onze heures. Cela s'appelle déjeuner, car le matin on prend le café. Le goûter de quatre heures se prend généralement avec quelques amies. Cette réunion se nomme *Kaffee-Gesellschaft*, ce qui veut dire : Café de société, mais on

n'existe pas. En dehors de ses cours, l'étudiant séjourne chez ses parents ou dans la famille de son correspondant. Aussi, est-ce doucement, sans secousse, qu'il s'initie à la vie. Ses grandes sœurs ou les filles de son correspondant sont fiancées, et lui, gamin de quinze ou seize ans, a aussi, à leur exemple, son roman d'Elle et Lui : poème d'enfantines amours qui fera plus tard sourire l'expérience ; mais quel charme a pour cet âge un serrement de main clandestin, un furtif échange de regards, et ces mille puérilités sentimentales !

Ses études terminées, le jeune homme ne rentrera pas dans la vie inexpérimenté, avec de chimériques conceptions dans l'esprit, mais de plain-pied. L'expérience qu'il a acquise est suffisante pour que la transition ne soit pas brusque. Voilà le bienfait de cette éducation libre. Mais la médaille a son revers, surtout pour la jeune fille. Cette liberté même lui laisse trop d'initiative,

l'appelle communément d'un mot d'argot : *Kaffee-Klatsch,* mot à mot : café-cancan. On y prend du café, du chocolat, en mangeant toujours une quantité de gâteaux et parfois de la crème, des fraises, etc... Jamais un homme, sauf *très exceptionnellement* un étranger, n'est admis aux cafés-cancans. Les jeunes filles, les jeunes femmes, les vieilles femmes ont, respectivement, le leur et cela dans toute l'Allemagne. Nous faisons la description de ces réunions au chapitre suivant.

trop d'indépendance d'allures, et parfois, avant son mariage, sa couronne de fleurs d'orangers se trouve froissée, sinon effeuillée...

Pour la société, cette éducation présente un autre écueil : la femme n'existe pas. La jeune fille tient sa place ; mais, sans science de la vie, elle ne peut en répandre le charme, sauf pour le tout jeune homme. Elle est une fleur qui grandit sans poussée subite. Au printemps, elle fleurit ; en automne, décline et se fane ; en hiver, elle s'éteint. Sa floraison éphémère n'a qu'un parfum fugace qui n'est guère capiteux. Et la femme absente, l'homme ne peut être ni souple, ni raffiné. Dans le monde, un léger vernis frotte l'écorce ; entre hommes, les rugosités sont à nu.

Voyez l'Allemand faire la fête, la femme n'y préside point, imposant une certaine réserve, même avec le décolleté de son corsage... Aussi que vite la brute va percer chez cet individu qui mange et boit pour manger et boire ! Tout à l'heure, il n'aura plus pour fard que l'enluminure de sa face. Il dit des crudités qu'on applaudit d'un gros rire, chante des chansons avec la raucité de l'ivresse, et chacun de choquer son verre et de répéter dans un charivari choral le refrain bachique. Ce n'est pas du libertinage, si vous voulez, c'est une éruption d'appétits grossiers.

Dans sa vie privée, la continence ne lui est pas imposée; mais il doit en avoir le masque. La morale de sa nation lui dit : suis la tradition, fiance-toi et marie-toi jeune. Mais la morale ne compte pas avec les luttes de la vie, le manque de fortune, les obstacles de toute nature. Et si lui, jeune et enthousiaste, mais pauvre, suit cette tradition morale, que de mois s'écouleront des fiançailles au mariage.

Elle, la fiancée, n'a qu'une dot insignifiante; lui, un grade subalterne dans l'armée, une petite position dans l'administration. Au début tout est rose et charmant. La raison est dupe du cœur. On laisse aller l'imagination; l'existence s'entrevoit au travers de beaux rêves. Bientôt, cependant, ce ne sera plus que par le gros bout de la lorgnette. L'avenir est lointain; le lieutenant restera encore six ou sept ans avant d'obtenir le grade de capitaine qui doit dégrever la dot réglementaire (1); le fonctionnaire n'a que de douteuses chances de succès. Le souci de l'avenir, les tracas journaliers deviennent le thème des causeries de la veillée. La réalité a remplacé le rêve

(1) Plus le grade de l'officier est élevé, moins on exige de dot. Toutefois, si un officier a de la fortune et que cette fortune puisse être prouvée, il lui est loisible d'épouser une femme sans dot.

des premiers jours. Au baiser d'amour et d'adieu du soir a succédé le baiser banal de l'habitude. C'est déjà la vie de ménage dans tout son terre à terre, moins la possession. Aussi ce fiancé est-il un client régulier et à jours fixes de la fille soumise ou de la bonne de brasserie. Entretenir une maîtresse dans une petite localité serait se faire montrer au doigt : il faut être perdu dans la fourmilière d'une grande ville pour oser cette audace ouvertement. Les quelques officiers riches ou les fils de famille qui rompent en visière laissent couver sous la cendre ces relations clandestines ; mais la grande majorité de la jeunesse allemande a des amours tarifées et à prix fixe.

Entrons dans une de ces brasseries qui pullulent de l'autre côté du Rhin. Le service y est fait par des femmes. A côté de la salle commune se trouve une petite chambre meublée de quelques chaises, d'un piano et..... d'un sofa.

Le soir venu, cet endroit est une véritable sentine du vice. C'est là, qu'après boire, le jeune officier sans fortune, l'étudiant, l'employé vont s'isoler, pour vider une bouteille, une *Gretchen* sur les genoux... Dans le nombre, nous l'avons dit, plus d'un garde encore, presque moite sur la lèvre, le baiser de la fiancée qu'il vient de quitter.

Est-ce plus moral que la noce de notre étudiant en goguette avec sa grisette?

*
* *

Entre cette éducation et la nôtre le contraste est frappant.

Le jeune homme français est resté dix années captif au collège. A sa sortie la vie s'ouvre alors brusquement à lui sans transition. C'est une bouffée de liberté qui lui monte au cerveau. Son existence devient une réaction : il la brûle, parce qu'il n'a pas eu d'expérience et que son seul guide est une imagination souvent faussée qui lui donne comme modèles ses aspirations vagues : le roué, le lovelace, le sentimental. La femme même ne lui est pas révélée. Trop jeune pour goûter la société de la femme de vingt-cinq ou trente ans, il ne peut connaître la jeune fille captive dans son couvent ou sa famille. Il ne la rencontrera qu'après avoir jeté sa folle ivraie : pour faire une fin. Voilà le résultat de cette déplorable éducation de l'internat, qui souvent sème de profonds germes de vices dont nous n'avons pas parlé, et que le bon sens devrait abolir en France.

Maintenant prenons notre jeune fille. Pour elle le mariage est une émancipation. Ce n'est pas un but, c'est une aspiration à une métamorphose. Jusqu'ici, fleur à la corolle repliée dans cette atmosphère calme du couvent ou de la famille, soudain, par un à-coup subit, elle éclate épanouie : elle est femme ! La jeune fille sans initiative personnelle prend sa revanche. Malheureusement son éducation va la livrer sans défense aux dangereux remous de la vie mondaine. Mais aussi la médaille a son bon côté.

Sans cette éducation de chrysalide, jamais le rutilant papillon ne fût éclos ; et sans lui jamais notre société élégante et raffinée n'eût existé : car c'est bien la femme qui en est l'âme. C'est bien à elle que nous devons cet esprit français agile et souple, mais qui la subjugue à un tel point qu'il fait d'elle, parfois, avouons-le, une franche coquette, usant de subterfuges, employant des nuances infinies d'intonations, de gestes, de regards... tant pis pour le maladroit qui laisse passer le bout de l'oreille : l'amour-propre.

Ce que le Français recherche, avant tout, c'est le chatouillement de sa vanité dans le chatoiement de son esprit léger et railleur. Il est voluptueux, mais ses sens délicats répugnent à la sensualité grossière de l'orgie. Il aime les soupers fins, en petits comités, à huis-clos même, non pour y chercher l'ivresse, mais pour demander à l'effluence du champagne une pointe pimentée d'esprit qui endiablera les yeux de sa maîtresse ; car il y a longtemps que les bons mots ont remplacé la chanson à boire de ses ancêtres. Sceptique, plutôt par ton que par conviction, il se croit un roué, parce que son regard a des coups d'œil savants et travaillés. Au fond, c'est toujours le même : le vieux Français. S'il ne peut plus être grand seigneur avec ses prouesses de ruelles, il est toujours grand viveur. En politique, la bouderie du frondeur d'autrefois se cache encore sous la turbulence du réactionnaire d'aujourd'hui.

*
* *

L'éducation du jeune homme en Allemagne est uniforme dans toutes les classes de la société : elle commence par l'externat du gymnase et s'achève à l'université. L'éducation de la jeune fille, dont nous venons de parler brièvement, est donnée dans la petite noblesse et la bourgeoisie plutôt que dans l'aristocratie et la haute finance.

La fille riche, pensionnaire dans un couvent (1) à la mode, ou confiée à une gouvernante,

___

(1) On sait qu'après la guerre il y a eu en Allemagne ces fameuses discussions religieuses connues sous le nom de *kultur-kampf* et *maigezetz* (lois de mai). La Prusse voulait faire adopter par toutes les provinces de la Con-

4.

est élevée un peu en serre chaude. Même à l'époque de ses fiançailles elle n'a pas l'indépendance d'allures de la bourgeoise. Les coutumes sont bien les mêmes pour toutes les deux ; mais, pour la plus pauvre, se fiancer c'est déjà sanctionner son émancipation, tandis que pour la plus riche, toujours gardée à vue, ce n'est qu'une formalité traditionnelle. Le mariage n'est pour elle qu'une affaire, une négociation, dont le point capital est la convenance des dots.

Quant à la jeune fille noble pauvre qui ne trouve mari, elle a son refuge, grâce à la prévoyance de ses aïeux. La noblesse féodale allemande n'a pas voulu réduire les vieilles filles indigentes de sa descendance à cette alternative : être religieuses ou institutrices, et elle a fondé ces asiles-communautés nommés « *Stift*. » Dans l'origine ce n'était que des établissements à l'instar de nos communautés. Quelques gentilshommes voisins se cotisaient, achetaient une terre et faisaient bâtir. Le surplus de la souscription collective était employé à l'aménagement

fédération les lois qui existent chez elle au sujet de l'Eglise. C'est alors que les jésuites ont été expulsés, les couvents supprimés et la plupart des écoles catholiques dissoutes. Il n'y a donc pas de couvent en Allemagne; ceux dont nous parlons se trouvent à la frontière et appartiennent, l'un à l'Autriche, l'autre à la Belgique.

et à la gérance de la propriété. Chaque fondateur créait ainsi un asile à perpétuité pour une ou plusieurs filles de sa race, selon sa cotisation et ses legs : comme dans les maisons de charité on crée un lit. Peu à peu d'autres donations augmentèrent la richesse ; la valeur de la terre décupla, la communauté s'agrandit, le jardin, d'abord potager, devint un parc, et aujourd'hui quelques-uns de ces établissements sont presque luxueux.

A la tête d'un *stift* se trouve une abbesse ou prieure, choisie généralement dans une des plus illustres familles des fondateurs. Malgré ce nom, le titre n'est qu'honorifique, car le règlement est tout à fait laïque et il laisse à la *stiftdame* une grande latitude. Outre la nourriture et le logement, elle reçoit une rente qui varie selon la richesse de la communauté (1), obtient facilement des vacances de plusieurs mois, et peut inviter ses amis, leur rendre visite... Dans la plupart de ces refuges, il suffit, même, de passer quelques semaines pour avoir droit à la rente. Enfin le célibat n'est pas obligatoire.

Comme on le voit, entre ces institutions et les communautés ordinaires, il n'y a aucune analogie matérielle ; mais, au point de vue moral, il existe

(1) A Fribourg au *von Auffenbergischeslift* la rente est de 1,500 marks (1,800 francs).

entre elles une grande similitude. Et comment ne pas rencontrer l'esprit de coterie, la petite haine d'antipathie, la malveillance, le commérage, dans cette Babel minuscule où, au lieu de langages, tant de caractères se choquent, où existe tant d'inégalité dans l'éducation, le rang, la fortune? Pour dépeindre ces nuances de tempéraments, il faudrait écouter les insinuations cancanières de la frivole, le dédain du bas-bleu, la parole aigredouce de l'envieuse et de la bigote, la rêverie de la sentimentale, la rageuse révolte de la laideron... Nous aimons mieux nous arrêter auprès de celle que les enfants appellent la « *bonne tante* ». Elle, au moins, a pris bravement son parti : elle s'est faite la providence des bambins et la protectrice des jeunes amoureux.

Pendant bien longtemps la noblesse allemande ne se mariait qu'entre elle et très souvent entre parents. Les biens restaient ainsi dans la famille. Mais à quelles conséquences fatales ces inter-unions n'entraînaient-elles pas? La haute société allemande pullule de rachitiques et de scrofuleux! Depuis quelques années, cependant, la finance s'est entée sur la noblesse du pays. Pour qu'elle acceptât cette mésalliance, il a fallu l'exemple de l'Europe entière à cette aristocratie sans originalité propre, et imitatrice des autres nations. Aujourd'hui les souverains prêtent la main à de telles unions. Qu'une fille de la noblesse épouse un riche banquier, il suffira au nouvel époux d'un service financier rendu, d'une œuvre philanthropique, pour que le roi ou le grand-duc lui confère des lettres de noblesse. Dans ce siècle d'or, l'argent fait un ancêtre d'un banquier juif au grand-père usurier. Sur l'écusson de ces blasons neufs l'arme parlante est l'écu sonnant, et la devise, dissimulée derrière : vanité. Autrefois, aux siècles de fer, c'était l'épée ou le casque symbolisant la valeur et la fierté.

Si nous voulons connaître dans tout son charme cette coutume des fiançailles allemandes, quittons les petites capitales et rendons-nous dans une grande ville commerçante. Là elle existe, parfois, dans la riche bourgeoisie comme une charmante et délicieuse préface du mariage. Les parents, exempts de tout préjugé de castes, indifférents en matière d'argent, laissent à leurs enfants une entière indépendance de cœur.

La jeune fille se marie généralement jeune. La durée des fiançailles est de six mois à un an, durée assez longue pour se connaître, assez courte pour ne pas amener la satiété dont nous avons parlé.

Les deux jeunes gens se plaisent, s'aiment ; la

sympathie les lie d'abord tacitement, puis les promesses s'échangent et l'engagement est fait. On
s'en va alors trouver les parents et on leur demande de sanctionner ces vœux du cœur par
leur consentement.

C'est une date solennelle, une grande fête de
famille que ce jour de fiançailles officielles. Le
fiancé devient l'enfant de la maison : il tutoie sa
belle-mère, son beau-père futurs et tous les parents de la fiancée ; elle, ceux de son fiancé. On
envoie aux parents et amis des lettres de faire-
part. Au dîner monstre de famille on porte de
nombreux toasts au bonheur des nouveaux fiancés
et à la fusion des deux familles. Dès lors les jeu-
nes-gens passent les soirées ensemble, tantôt
dans la famille du fiancé, tantôt dans celle de la
jeune fille. Aucune surveillance pour restreindre
leur effusion, plus de baisers furtifs. Ils s'aiment
au grand jour : leur union est bénie par la famille
et l'usage vient de la sanctionner.

Cette époque est la seule qui laisse un peu de
poésie au cœur de la jeune fille allemande. Dans
les causeries intimes, dans les confidences de
l'abandon elle s'initie à la vie ; l'expérience de son
fiancé lui fait bien, parfois, égréner quelques-unes
de ses illusions dans le sentier de la réalité, mais
ce n'est pas aux dépens de son cœur. Son bon

sens et sa raison se fortifient, et au jour du mariage elle saura faire face à l'existence. Malheureusement ce beau tableau n'est, trop souvent, qu'un rêve de poète que la réalité dément aussi bien dans l'aristocratie que dans les autres classes de la société.

VI

L'aristocratie et la bourgeoisie allemande en antagonistes.

Nous venons d'examiner par le menu la haute société allemande, envisageons-la, maintenant, en son ensemble. Deux fractions bien distinctes existent dans la nation : l'une est l'aristocratie des cours et celle des villes de garnison ; l'autre est la bourgeoisie et la classe commerçante des grandes villes. Chacune d'elles a une physionomie qui est presque un contraste.

La noblesse, pleine de morgue, est encore imbue de préjugés nobiliaires tellement vivaces qu'elle ne veut accepter que trois carrières : la diplomatie, l'armée, l'administration. Elle laisse dédaigneusement le commerce à la bourgeoisie, la banque aux juifs, et si, parfois, elle reçoit dans ses salons un médecin, un avocat, un professeur ou un artiste, c'est grâce à sa notoriété. Quant au clergé, malgré les efforts de différents gouvernements, il est resté peuple ou petit bourgeois.

C'est cette portion de la nation allemande, la noblesse, qui montre le plus d'antipathie pour la France. Jusque dans les minuties cette caractéristique se marque. Bismarck essaie de supprimer le français comme la langue diplomatique ; elle, au lieu de gouvernantes françaises, prend pour ses enfants des Anglaises, des Belges ou des Suissesses. Avant 1870 elle se piquait de manier notre langue, aujourd'hui son étude est déjà une question d'instruction plutôt que d'éducation comme autrefois. Il n'est pas jusqu'à nos modes qu'elle jalouse ; forcées de les subir, quelques grandes familles commandent à Vienne ou à Berlin ce qu'auparavant elles faisaient venir de Paris. Quant à la forme de notre gouvernement, c'est pour elle une terrible épée de Damoclès. Regardez le noble allemand passer dédaigneux au milieu de ses paysans : monsieur le marquis de l'ancien régime était-il autre chose que le *Herr Bââroon* dont on l'encense ?

Dans les grands centres commerciaux, au contraire, l'esprit est beaucoup moins servile, plus digne, plus libéral. Le commerçant est le premier à rire de cette vanité du titre. Si l'un des leurs s'allie à la noblesse, il s'entache de ridicule. M. Jourdain est un type cosmopolite : il fait sourire le bon sens aussi bien en deçà qu'au delà du Rhin.

L'esprit dans les carrières libérales et artistiques est encore plus indépendant. Nous y avons souvent rencontré des hommes de grand bon sens, à idées larges, savants sans pédantisme, simples sans pose. Quand ils parlaient de nos désastres, c'était en patriotes, mais sans sarcasme ni haine.

Non, ce n'est pas dans les classes moyennes de l'Allemagne, si sympathiques à la France avant 1870, qu'existe la haine héréditaire. Le commerçant et le bourgeois de tout pays veulent le repos et le confort. La paix est leur intérêt parce que sans elle le commerce se ruine ; et le commerce est le grand lien solidaire des peuples dans ce grand siècle électrique. Elle n'existe, cette haine, vieille et invétérée, qu'au cœur de l'aristocratie. Croyez-vous qu'elle nous pardonne de ne lui avoir laissé aux siècles précédents que le reflet de notre gloire ? et qu'aujourd'hui elle subisse sans humiliation notre suprématie en tout ce qui touche à l'élégance et au bon goût, aussi bien dans les mœurs que dans les arts ?

Maintenant, voyez-vous face à face ces deux contrastes de la nation allemande : l'aristocratie et la bourgeoisie; celle-là personnifiant le parti de la guerre, celle-ci celui de la paix. Pour la première, le patriotisme consiste dans la haine de la nation vaincue; pour l'autre, il se trouve dans la prospérité de la patrie qui est en même temps son intérêt particulier. L'armée, pour la classe moyenne, est un écrasant fardeau : elle l'appauvrit, accapare ses forces les plus vives, et la contraint, ainsi exténuée, à lutter à armes inégales contre la concurrence étrangère des pays plus libres, plus riches ou mieux favorisés. L'aristocratie, au contraire, met son orgueil national dans cette armée qui a fait de son pays une grande nation politique.

Sans l'aristocratie qu'est, en effet, l'armée allemande? Un colossal automate aux milliers de bras inertes, quoique de fer, parce qu'il lui manque une tête. Mais que sur cette carcasse se pose cette tête hautaine et dominante, le mannequin devient formidable et vivant. La tête commande, et ces milliers de bras armés s'agitant, manœuvrent comme des emporte-pièces. Ils écartèlent la Pologne, démembrent le Danemark, brisent l'Autriche, crucifient et isolent la France. La gloire de la Prusse n'est faite que de lambeaux sanglants! Et cette aristocratie, dont presque tous les fils sont à l'armée, ne se rébellerait pas contre le licenciement et le désarmement que demande la paix ? Sa gloire est trop récente, elle l'enivre encore trop ! Quand elle se verra forcée de s'émietter dans les carrières bourgeoises qu'elle dédaigné et méprise, elle, si hautaine, se cramponnera à son drapeau dont l'aigle à serres ouvertes est un symbole qui devrait avoir pour devise : *Væ victis*.

En présence de cette situation, la France a un beau rôle d'humanité à jouer en maintenant une politique d'énergique calme et de paix. Qu'elle laisse de côté la gloriole ! Sa revanche c'est de rayonner grande et puissante dans les arts et l'industrie. Mais il faut que cette prospérité soit sous l'égide d'une armée régénérée et forte. Inculquons donc à nos enfants le culte de la Patrie comme on nous a enseigné le culte des morts. Que devant le pays en deuil aucun ne rie et que tous se découvrent. Nous, ne soyons que Français, rien que Français. Abandonnons cette politique d'Erostrate où dans d'incessantes petites luttes, de mesquines haines de parti, l'amour-propre triomphe ou succombe. Devant la Patrie l'individualité s'efface. Alors la France pourra forcer la main à l'Allemagne, non pas comme une humble vassale, mais en grande nation trempée dans la douleur et qui sent sa virilité.

TROISIÈME PARTIE

LA BOURGEOISIE

I

Le caractère allemand à travers les siècles.

Dans ce grand siècle scientifique et commercial, la bourgeoisie est, avec le peuple, la force vive d'une nation, l'incarnation même du caractère national. Elle personnifie la richesse, l'industrie, le commerce, et, à quelques exceptions près, les sciences et les lettres. Tandis que l'aristocratie allemande, véritable caméléon mondain, reflétait jusqu'aux défauts des autres nations, parlait notre langue, calquait nos manières, imitait nos mœurs; la bourgeoisie et le peuple conservaient leurs vieilles traditions. Depuis les aspirations artistiques jusqu'à la cuisine, tout, dans ces deux portions du pays, reste national.

Nous nous bornerons ici à esquisser les grands

traits du tempérament allemand. Il serait trop long et trop minutieux de dépeindre les différents types locaux que le climat, les dialectes, les intérêts divers et la politique des gouvernements ont rendus si dissemblables. De la frontière d'une province à une autre les nuances de caractères sont à peine marquées ; d'une extrémité à l'autre d'un pays elles deviennent antithèses. Entre un Lillois et un Marseillais la différence est tout aussi tranchée qu'entre un Prussien et un Hessois.

Deux qualités maîtresses dominent le caractère allemand et en constituent presque l'essence : une force de persévérance à toute épreuve, et une tendance à la méditation qui a rendu ce peuple d'abord poète et mystique, puis religieux et philosophe.

Suivez la filiation de ce tempérament en remontant les siècles : il reste continu, toujours le même. Depuis le mysticisme féodal jusqu'au matérialisme moderne, rien ne se heurte : tout se suit, s'enchaîne, se fond. Le guerrier à demi sauvage traite déjà le Romain d'efféminé et de vicieux. Devenu vainqueur, il abjure le paganisme et embrasse la religion catholique. Mais cette religion nouvelle ne métamorphose que lentement en chrétien ce païen-panthéiste d'hier, et, plus tard, quand l'homme civilisé succédera à la brute, ce sera le catholicisme qui créera l'Allemagne philosophique et matérialiste.

Contemplez une cathédrale gothique. Ce grandiose édifice, tout en hauteur et dont tous les ornements sont en dehors, ne semble-t-il pas construit pour une idole, l'idole païenne? Le mysticisme le fait toujours monter vers le ciel, vers ce Dieu terrible devant lequel le génie de l'artiste s'extasie. C'est une sublime rêverie exhalée de l'imagination du peuple prosterné, que la pierre immortalise en la concrétant et la solidifiant. Bientôt ce monument n'est plus qu'un temple de l'Eglise, la conscience du clergé est inquiète : ne pouvant plus imposer, il tâche d'éblouir. Mais ce clergé a beau orner son temple, le couvrir de magnificences, il n'en fait qu'une chape de prêtre, ruisselante d'or, qui lui sert de manteau. La base de l'édifice se mine lentement. Luther vient qui arrache ses surcharges de pierreries et de richesses et le met à nu. Par une réaction violente, il veut que la conscience soit seule face à face devant Dieu.

Luther est à la religion et à la philosophie ce que les écrits du XVIII° siècle sont à la Révolution et à la société moderne. Grâce à lui, naîtra bientôt la philosophie dans la religion; de là au

matérialisme il n'y a qu'un pas... Luther et la
Révolution française sont deux grands initiateurs.
Ils frayent à l'Allemand ses sentiers : alors seulement il en découvre toute la perspective. Sa
force de persévérance le conduit jusqu'au bout :
au matérialisme d'un côté, au socialisme de
l'autre.

Plus vous montez vers le nord, plus cette force
de persévérance s'accentue. Le Prussien est bien
le petit-fils du Teuton, dédaigneux du Romain.
En vain la civilisation métamorphose le vaste
camp militaire de l'Europe féodale en une ruche
d'abeilles, l'homme du nord en devient le frelon.
Noble, c'est un soldat hautain, un diplomate
plein de morgue ; bourgeois ou artisan, il reste
lourd, défiant, réfléchi, concentré. Sous son climat sévère et froid, il lui faut un tempérament
trempé d'une énergie latente. Dans son langage
même, ce caractère de force se marque en sons
gutturaux et durs. Cette langue, riche en termes
scientifiques et abstraits, il l'impose comme il a
imposé sa domination. C'est là le langage classique, *le Hochdeutsch*, l'allemand supérieur, la
langue de Luther épurée que toute personne bien
élevée parle au nord et au centre, c'est-à-dire
dans toute l'Allemagne protestante et philosophique.

Mais descendez au sud, comme cette énergie pâlit et s'affaisse! C'est à un point tel qu'il est impossible, malgré le germe, de reconstituer un type d'ensemble. Le frelon du nord, énergiquement opiniâtre, n'est plus qu'un mouton patient dont le tempérament décèle une aptitude au commerce et un penchant pour le bien-être matériel plutôt que pour les subtilités philosophiques.

L'éducation moderne allemande contribue puissamment à développer ce tempérament opiniâtre. La famille est, en général, nombreuse, l'argent rare : peu à peu le patrimoine ou les économies s'en vont sou à sou, absorbés par l'éducation des enfants. Arrivé à l'âge d'homme, l'Allemand sait qu'il n'a qu'une force : son instruction; qu'un levier : sa volonté. Aussi beaucoup, dans les classes moyennes, s'expatrient volontairement pour gagner leur vie. Cette nation n'ayant pas de colonies, le monde entier sert de déversoir à la surabondance de sa population.

Parcourez l'Amérique et l'Europe, partout vous rencontrez le fils du bourgeois allemand. Il se fait professeur de langues, correspondant, commis, petit industriel. Il connaît *toujours* les rudiments de la langue du pays avant d'y séjourner : c'est un puissant aide, car en quelques mois il la parlera couramment. Il est régulier, sobre et surtout opiniâtre. Peu à peu il perce, d'abord sans encombrement, puis il envahit.

Demandez aux clercs de la *City* de Londres, aux jeunes gens du commerce et de l'industrie de New-York, de Paris, de Pétersbourg, à ceux de tous les grands centres, quelle rude concurrence il est pour eux! Il n'est pas comme l'Anglais qui, en déménageant sur le continent, emporte son *tub* et son thé, s'impose tout d'une pièce, et reste Anglais jusqu'au bout de ses *walking-boots*. Comme il sait, au contraire, assimiler ses mœurs aux mœurs nouvelles, s'identifier avec l'habitant, s'effacer au besoin! La sève de la jeunesse dans ce tempérament à sang calme ne déborde pas, ne devient jamais fougue. L'éducation saine et positive reçue au sein de la famille est, pour l'Allemand, une digue à base solide et profonde, même dans le monde qui s'amuse. Dans les excès de cabaret de l'étudiant riche, dans ses duels, ses ostentations tapageuses, il n'y a pas ce grain de folie de la jeunesse qui passe. Une promenade en forêt, une excursion dans les montagnes, suffit à son imagination méditatrice.

Comparez nos travailleurs, les fils intelligents de nos ouvriers, nos artistes pauvres, nos étudiants sans fortune, nos enfants de troupe dans l'armée, toute cette vaillante jeunesse française qui a vécu de gêne et d'économie. Elle a devant les yeux, au début de ses carrières, un voile brodé par l'imagination. Peu à peu, en avançant en âge, nos désillusions le déchirent, et quand le dernier lambeau s'en va, nous nous croyons de grands sceptiques parce que nous commençons à ne plus être de grands enfants.

II

La romantique et la précieuse. — Intérieurs allemands, intérieurs français. — La chambre du maître. — Une journée avec la maîtresse de la maison : à la cuisine, au café-cacan. — Petites bourgeoises françaises et ménagères allemandes.

La femme allemande est la petite bourgeoise dans le sens le plus prosaïque. Si nous lui avons donné longtemps les épithètes de poétique, de sentimentale, c'est que, nous identifiant à l'enthousiasme des deux grands poètes nationaux allemands, nous ne l'entrevoyions qu'à travers leurs rêves.

Cette belle période littéraire de Gœthe et de Schiller ne fait une révolution profonde que dans le domaine des lettres : dans les mœurs, le bouleversement est momentané. La réaction est trop violente : elle mène tout de suite à l'extrême et jette hors de son équilibre le placide caractère germain : tôt ou tard il faut qu'il reprenne son assiette.

Quel tableau, en effet, que la société allemande d'alors ! La femme foule aux pieds ses vieux préjugés de faiblesse, de dépendance et de soumission. Elle n'a qu'un guide : ses aspirations. Son imagination malade exalte son cœur qui reste féminin, faible, capricieux. En réalité elle voyage tout simplement, mais non platoniquement, sur la carte du Tendre. Cependant, l'hôtel de Rambouillet n'a jamais outré le ridicule à un tel point : l'esprit et l'étiquette lui sont toujours restés comme sauvegarde.

On ne peut comparer cette grande période allemande, toute brillante qu'elle est, à notre magnifique époque classique. Chez nous, cette époque reste continue pendant près de deux siècles. C'est que, dès son éclosion, elle trouve réunis dans la société française tous les éléments nécessaires à sa vitalité : la finesse de l'esprit unie à la grâce, l'élégance des manières alliée au bon goût, une langue épurée, admirablement maniée par une pléiade d'écrivains d'élite, enfin et surtout, cette grande qualité essentiellement féminine : l'intuition. Faculté du cœur et de l'esprit qui prend sa

source dans l'impression soudaine du moment,
et dupe, parfois, jusqu'à notre raison et notre expérience : car il suffit souvent à la femme d'une
commotion au cœur, d'une lueur au cerveau,
pour qu'un rayon lumineux en jaillisse, dévoilant sous son véritable jour la cause d'une plaie
sociale, d'une misère ou d'un vice.

En Allemagne, l'esprit n'a pas de souplesse,
et l'homme, ne sachant mettre son intelligence à
un niveau inférieur, ne pouvait se délasser longtemps dans la société de la femme. Quant à elle,
sous prétexte que toutes les aspirations de l'âme
étaient légitimes, elle laissait la nature sans voile.
Changer d'amant n'était-ce pas chercher l'âme-
sœur ? S'était-on trompée, on était quitte pour
errer de nouveau dans l'éthéré et le *sentimentalisme*.

Cependant, malgré ces extravagances, cet affi-
chage de *sentimentalité*, cette soif d'idéal, un
véritable courant littéraire se forme. De tous les
côtés des femmes du monde ouvrent à deux bat-
tants les portes de leurs hôtels à toute célébrité.
On essaie de reconstituer notre salon du XVII\ siècle, mais rarement on réussit. Il reste encore trop
de gravité dans les goûts, il n'y a pas assez d'a-
bandon, de familiarité dans les relations entre
gens qui ne se sentent pas du même bord, et la

langue, très riche, mais trop lourde, ne peut être maniée avec assez d'aisance par la conversation. La causerie fine, mi-sérieuse et spirituelle surtout, acquérait rarement ce mouvement rapide dans lequel l'esprit, entraîné, file et revient sans cesse à tire-d'aile, courant à bâtons rompus, effleurant graves et légers sujets, chatouillant l'amour-propre, frisant même parfois une impertinence qu'on pardonne parce que le mot et le sourire la font pardonner.

C'est peut-être le salon de Mme von Armstein, à Vienne, qui atteignit le plus à la perfection parce que la société très aristocratique qui s'y donnait rendez-vous était plus raffinée et plus souple que partout ailleurs. A Berlin, excepté dans le salon de Mme von Olfers, il y avait généralement trop d'emphase. L'érudition ne savait se faire humble pour instruire en amusant. Chez Rahel (Mme von Varnhagen) par exemple, on discutait plutôt qu'on ne causait. La philosophie et l'esthétique y montaient à des hauteurs inaccessibles au vulgaire. Nécessairement ces sommets sont arides; le savant les franchit, mais la mondaine s'endort au pied.

Rien d'étonnant alors que le Français, qui jugeait à distance, à travers le prisme de la poésie, n'entrevît, au lieu de la positive Allemande, une blonde et rêveuse jeune fille effeuillant des marguerites dans les sentiers ombreux, les yeux noyés en un rêve d'amour. Mais combien la réalité désillusionne ! Ce tableau est aussi éloigné de la vérité qu'une fine gravure Louis XV l'est d'une peinture enluminée de cabaret.

Cette brillante période, forcément transitoire, est une traînée lumineuse qui passe, transfigurant un instant la femme. Son éclair fugace illumine les couches supérieures de la société : la bourgeoisie en a le reflet ; les bas-fonds, l'ombre ; puis il décline et s'évanouit. L'Allemagne littéraire fait place à l'Allemagne politique. Quelques cercles, présidés par des femmes, se forment bien sur ce terrain nouveau ; mais la femme n'est plus dans son élément. Peu à peu elle redevient ce qu'elle était avant cette période romantique : docile, moutonnière, dépendante, effacée. L'exemple, son éducation morale et physique, sa nombreuse famille, tout contribue à l'enserrer de plus en plus dans le cercle étroit de l'habitude et de la routine ; bientôt, la métamorphose est complète : la jeune fille, émancipée avant son mariage, n'est, une fois mariée, qu'une petite commère mesquine et prosaïque, la servante de son mari.

Parcourez tout un intérieur allemand, aucune pièce ne vous révélera les goûts délicats et fins d'une individualité féminine. Dans cette chambre à coucher toute nue, où seul le strict nécessaire se trouve, le cœur n'a jamais rêvé. En pénétrant dans la chambre nuptiale, la jeune épousée entre dans la plus prosaïque des réalités. Si la joie d'avoir, après bien des ennuis, atteint enfin son but, le mariage, ravive la poésie envolée des premiers jours des fiançailles, cette lune de miel n'a pour la jeune femme que la durée du parfum de son bouquet de mariée. Quel réalisme et quelle pratique dans ces deux petits lits côte à côte et sans rideaux !...

Pour nous Français surtout, le contraste est frappant. Tandis que vous attendez dans ce salon allemand, si *monotoneusement* identique, vous vous rappelez nos demeures dans les mêmes sphères sociales. Nous sommes habitués à y voir partout la touche délicate et légère de la main de la femme. Si ce n'est dans le boudoir des privilégiées, c'est au petit salon, au salon ou dans la chambre à coucher. Dans la demeure allemande, la cuisine seule trahit l'orgueil non de la mère ou de l'épouse, mais de la *Hausfrau*. Cette petite pièce, toujours très propre, est admirablement entretenue.

Pour connaître vos hôtes, allez droit à la chambre du maître. Cette pièce caractérise bien le tempérament de ce peuple où l'homme est maître et souverain : comme chez nous, peuple dans la langue duquel se trouve le mot *maîtresse*, le boudoir nous révèle la femme.

Le parallèle est étrange. Comparer la chambre d'un mari allemand à ce petit réduit si coquettement français, et qui, comme un déshabillé de femme, fait pressentir ses goûts, quand il ne laisse pas deviner ses formes... Pourtant ce parallèle est le seul possible : de même que notre boudoir, cette chambre est un sanctuaire.

Dans l'atmosphère pesante de tabac et de lourds parfums, dans ces divers objets de chasseur et de sportsman, ces bibelots de dandy, ces bustes de souverains, ces souvenirs princiers, cette bibliothèque cosmopolite et peu sérieuse, n'entrevoit-on pas la vie oiseuse, toute de petite ambition et de plaisir du riche banquier allemand, marié par orgueil à une fille noble et fraîchement anobli? L'ameublement est un cadre presque toujours assorti au tableau de l'existence. Celui-ci, quelque restreint qu'il soit, enserre tout entière la vie intime du mondain allemand des nouvelles couches. Dans un boudoir français, le luxe trop brillant, les bibelots trop rares, les fleurs trop chères, le parfum trop capiteux, ne vous trahiront pas mieux une nouvelle couche parvenue.

Voulez-vous connaître la chambre d'un petit bourgeois allemand : ce type du commerçant retiré des affaires qui connaît le prix de la viande, des légumes, du pain, va au marché et partage ses loisirs entre les soins du ménage et les petits commérages de son club? La voici — il va sans dire que cette chambre est toujours la meilleure du logement.

Au mur, en face du bureau et à côté de la petite bibliothèque, une large photographie représentant *Elle* et *Lui* aux beaux jours des fiançailles : yeux dans les yeux, main dans la main; de l'autre côté, l'invariable porte-pipes. Dans un coin, masqué par un rideau, un porte-manteau; sur une table, un damier, un échiquier, un cabaret à liqueurs et une ou deux cruches à bière ; de tous les côtés, sur le sofa, les chaises, le bureau, la table, une quantité de tendres souvenirs brodés à la main tels que : calottes, étuis à cigares, porte-pipes, étuis à lunettes, portefeuilles, antimacassars. Voilà, en tous points, le cliché de cette chambre. Mais quittons ce sanctuaire du maître et passons à la cuisine.

Il est de fort bonne heure et déjà servante et maîtresse sont à l'ouvrage. Mais, certes, un étranger ne se douterait jamais que la maîtresse de maison est cette jeune femme coiffée d'un méchant bonnet en forme de large *cap* anglais sous lequel se pelotonnent des cheveux rebelles, chaussée de pantoufles fanées, vêtue d'un tablier à brassière et d'une vieille robe de ville. Maintenant, écoutez la conversation. Ce ne sont que petits commérages, commentaires entrecoupés de temps à autre de détails culinaires. Choses, domestiques et gens, tout, dans ce logis de verre, est passé au crible de la mesquine critique de boutique. C'est ainsi que, peu à peu, s'amoncelle le stock de scandales pour le café-cancan de quatre heures.

Nous voici arrivés à l'heure du déjeuner. Vous croyez peut-être que la table va réunir toute la famille et que le service est fait avec notre symétrie par une bonne ou un domestique stylé ? Allons donc ! Madame, dans son chiffonné du matin, mange au galop, allant et venant de la cuisine à la salle. Monsieur, étalé et bien à l'aise devant le fouillis de vaisselle jetée sur la table nue, seul mange paisiblement assis. Pour les retardataires, le café et le lait sont au chaud dans le poêle ; qu'ils se servent, c'est leur affaire.

Son déjeuner englouti, monsieur enlève le vieux veston de chasse de drap gris et à parements verts qu'il use comme robe de chambre, endosse un uniforme ou une redingote et le voilà parti jusqu'au dîner.

Quant à madame, elle n'a pas une minute à perdre. Pensez donc, le gros de l'ouvrage est à peine fait, et à onze heures elle doit être habillée pour recevoir les visites, selon la coutume du pays (1). Dans ce moment-ci elle attend la coiffeuse. La voici : « Eh bien, *frau frisirin* (madame [la] friseuse) quelles nouvelles ? » Et aussitôt les langues d'aller leur train... Inutile d'écouter, n'est-ce pas ? Au café-cancan nous aurons le fidèle écho de ce caquetage.

Il est maintenant onze heures. Madame, métamorphosée, mange sur le pouce un morceau, et dès lors jusqu'à une heure son salon vous est ouvert. Pendant ce temps, monsieur lit son journal à la *restauration* et s'y réconforte avec une bonne côtelette de veau ou de porc arrosée d'une chope ou deux de bière.

Le dîner a lieu à une heure ou deux heures. C'est le repas essentiel, la grande affaire de la journée. Aussi comme on s'y déboutonne ! On mange, on mange, on mange toujours... Et vous savez de quelle façon ! Comment y entendre une causerie ? La bouche, toujours pleine, n'a que le

(1) Les visites se font généralement à onze heures ou l'après-midi. Dans les petites villes la *haute volée* choisit ces deux moments pour faire les cent pas dans la rue ou la promenade fashionable. — Nous ne parlons ici que de la bourgeoisie aisée.

temps de respirer. Ces repas sont aux nôtres ce qu'une chope de lourde bière est à une coupe de champagne : celle-là bourre l'estomac, celle-ci éveille l'esprit.

Vous ne croyez pas non plus que la servante, si familière à la cuisine, va, tout d'un coup, mettre dans son service de la déférence et de l'étiquette? La dignité manquant d'un côté, la familiarité reste de l'autre. A la cuisine elle a ses coudées franches, ici elle sert à la bonne franquette.

Quand il y a des invités, ce repas dure trois à quatre heures. Est-ce qu'à l'issue de telles ripailles la tête peut être bien nette, le corps bien dispos ? Aussi la conversation marche à pas pesants : son allure a la lourdeur d'un estomac trop chargé.

A dîner, vous pouvez mesurer tout de suite la distance qui sépare la France de l'Allemagne au point de vue du raffinement des mœurs. En Allemagne, la table est la fête du ventre, rien de plus. Chez nous, c'est la fête du palais en même temps que le régal de l'esprit. C'est à ce moment de la journée que nous causons encore. Au dessert, la conversation reprend cette désinvolture dégagée et charmante qu'avait la causerie de nos salons disparus. Et ce qui ressuscite cet art si français, c'est la bonne humeur, le dispos du corps. La lucidité de l'esprit fait naître spontanément l'argument, aiguillonne la prompte réplique. Mettez en contraste les deux tableaux : l'Allemand reste à table jusqu'à ce qu'il soit repu, puis digère. Le Français la quitte à peine lesté, passe au salon et cause en prenant le café. Ici, il n'y a pas nuance de tempérament, il y a antithèse. Voulez-vous noter des nuances ? Dites à un Allemand qu'en France nous souhaitons le jour de naissance à une jeune fille, mais qu'à une femme nous ne lui souhaitons que sa fête. Jamais il ne saisira une telle délicatesse, parce qu'il ne peut comprendre qu'un miroir, mieux qu'une horloge, montre à la femme la marche du temps.

Le dîner, même dans les familles très à l'aise, est fort simple mais copieux. Il se compose généralement du pot-au-feu, ou d'une soupe épaisse à la graisse, d'une viande bouillie, rôtie ou en ragoût, d'un plat de légumes et de pommes de terres cuites à l'eau. La salade se mange plutôt le soir au souper et il y a rarement du dessert. Dans le nord, la cuisine varie un peu ; mais il y a deux mets nationaux que tout bon Allemand mange au moins une fois par semaine : la choucroute, *saûerkaut*, et les mets à la farine, *mehlspeise,* toujours accompagnés de fruits secs cuits en compote.

Le souper se prend à huit heures, rarement plus tôt et quelquefois plus tard. Il se compose d'un peu de viande froide, le plus souvent de charcuterie, d'une salade, de pommes de terre, et comme boisson du thé ou de la bière.

Pendant la saison de la chasse, le gibier est abondant à un tel point que le lapin est dédaigné, abandonné aux indigents. Les propriétaires, les *souverains même,* vendent le gibier de leurs propriétés. D'ailleurs aucun membre des nombreuses sociétés de chasse par souscription ne peut conserver les pièces qu'il tue. S'il les désire, il doit les racheter, mais à la fin de chaque saison les recettes de la vente se défalquent des quotes-parts.

A quatre heures on prend le café. En famille ce repas n'est qu'un simple goûter plantureux composé de café au lait, de beurre, de confitures et de wecks (1). Mais rarement ce repas est pris en famille. Comme nous l'avons dit, toute femme ou jeune fille de la noblesse ou de la bourgeoisie fait partie d'un cercle, et chacune, à tour de rôle,

---

(1) Les wecks sont de petits pains faits avec un peu de lait. Les wecks de l'après-midi sont mélangés de graisse en guise de beurre et saupoudrés de sucre.

invite ses compagnes à un café-cancan. Le rendez-vous a lieu soit chez la maîtresse de la maison, soit dans un de ces jardins-restaurants si nombreux en Allemagne.

Allons assister avec le lecteur à un de ces goûters offerts en plein vent.

Voici les invitées qui arrivent. Chacune d'elles a apporté un ouvrage à l'aiguille. En Allemagne l'utile se joint toujours à l'agréable, et partout la femme est doublée d'une ménagère. Laissons écouler les banalités du début : les compliments sur la crème et le gâteau offerts, les recettes culinaires échangées, les admirations réciproques sur les toilettes... Maintenant que le premier coup de dent est donné, la physionomie de cette petite école de scandale s'accentue franchement. La chronique cancanière ne chôme d'ailleurs jamais. Avec la cour, la noblesse, la bourgeoisie, la colonie étrangère, on a toujours à glaner. En parlant des souverains, un respect inconscient, presque superstitieux retient bien peut-être le coup de langue, mais l'amour-propre a le dessus et la malignité du sourire achève la réticence. De réticence en réticence, de sourire en sourire, on parvient toujours à déshabiller complètement la cour. Si nous écoutons et regardons jusqu'au bout, nous saurons bien vite ses faiblesses, ses ridicules, ses infirmités, ses maladies hérédi-taires...

A défaut de pâture royale, on se contente de griffer les absents, de commenter le *Anzeige* (1), d'insinuer les commérages recueillis le matin dans la cuisine ou la chambre à coucher. Et comme ces sous-entendus, mieux qu'une parole acerbe, savent enlever un voile! Comme de bouche en bouche ces mesquins racontars grossissent, exa-gérés, dénaturés, envenimés! Insinués ainsi, ils seront demain de gros scandales qui défrayeront la conversation des salons.

Comme toutes se complaisent dans ces petits potins! Le travail des aiguilles est suspendu, l'oreille est aux écoutes, la bouche a de méchants petits sourires jouisseurs, la tête de légers signes approbatifs, l'œil clignote d'intelligence avec celui de la voisine. On pousse bien de temps à autre de petits cris d'exclamation ; mais c'est le masque de la pudeur qui, seul, se révolte : l'orgueil, l'amour-propre ou l'envie est, au fond, bien aise. Une connaissance vient-elle à passer ? en un tour de langue la conversation se méta-morphose.

— Bonjour, ma très gracieuse, *meine gnæ-*

(1) Petite feuille locale quotidienne de politique ba-nale et d'annonces.

digste, prenez donc une tasse de café avec nous.

— Je ne vous dérange pas ?

— Mais pas le moins du monde !

Et on se met à causer cuisine, toilette, musique ou théâtre. Si dans la dernière pièce un ténor fameux a chanté, chacune, en en parlant, renchérira d'exclamations enthousiastes. — Ah! quel homme! — Il chante *terriblement bien*, schrecklich schœn. — Quelle voix ! Dans le troisième acte, il a été *admirablement beau*, wunderschœn. — Le décor était *kolossal*, superbement, colossalement réussi —.

Pousser de tels cris exclamatifs s'appelle en Allemagne *avoir de l'âme*. A nous, Français, cet enthousiasme rappelle tout bonnement Cathos et Madelon des *Précieuses ridicules* de Molière.

Quand, au lieu de femmes d'un certain âge, le café-cancan est composé de jeunes filles, les commentaires ont moins de mordant; les allusions sont plutôt des taquineries que des méchancetés ; le caquetage roule sur des amourettes, des déceptions, des échecs subis ou rendus, des avances de coquetterie dédaignées... Mais combien la pente est rapide ! A ce caquetage enfantin succède le vrai commérage, puis la médisance et bientôt la calomnie : plus tard le scandale seul aura quelque attrait.

Que nous sommes loin de notre atticisme, de ce bavardage spirituel de nos mondaines qui savent si bien souligner d'un sourire ou d'un geste un mot piquant, enlever d'un coup de langue, leste et plein de finesse, un gros scandale !

Certes, nos villes de province ne sont pas exemptes de ce travers, le commérage. Mais l'élément cancanier s'y compose, en général, de petits rentiers, de boutiquiers retirés des affaires et de leurs femmes. Désœuvrés, après une longue habitude de travail, ils emploient leur énergie oisive à colporter des nouvelles inédites ou imaginaires et se font courtiers complaisants de mariages. Si parfois la médisance se glisse dans les salons de nos jeunes ménages, le coup de langue se dissimule, presque toujours, sous l'aiguillon de l'esprit; ou bien c'est une pointe de vanité et d'orgueil, un masque léger et spirituel de l'envie. Elles sont franchement méchantes alors nos jeunes femmes ; un bon mot les rend quelquefois cruelles, mais juste le temps d'esquisser un malicieux sourire, et jamais elles ne tombent dans le *potinage* plat et calomniateur : elles laissent cela aux vieilles portières.

Que nous sommes loin aussi de l'existence de

notre petite bourgeoisie française : existence si inconnue et si modeste que l'étranger ne la soupçonne même pas. Pour lui, la Française est l'héroïne de nos romans à la mode : une mondaine, une frivole, une adultère, une viveuse, une viciée. Il ne se dit pas, en lisant nos livres, qu'il y a deux sortes de naturalisme : l'un qui fouille comme le scapel, l'autre qui farfouille comme le scarabée, et que, dans la gangrène, le scarabée a toujours de quoi trouver pâture tandis qu'il n'a que faire de ce beau sang pur et vermeil qui vivifie le cœur de notre bourgeoisie.

Bien souvent nous l'avons admirée la petite bourgeoise française si vive, si preste, si alerte. Elle est ici, elle est là, allons vite un coup d'œil, un coup de main ! Elle commence, elle a fini ! Il est onze heures ou midi, le ménage est depuis longtemps fait ; et, proprette, accorte, elle s'assied au déjeuner sans un brin de poussière sur sa robe.... nous allions dire sur ses ailes. C'est qu'il nous passe, en écrivant, une vision blanche, bleue et rose qui, loin de la patrie, semble comme une volée d'oiseaux mouches aux plumes toujours lustrées, malgré les fréquentes stations sur les fleurs et les plantes les plus grasses et les plus souillées.

C'est une ruche d'abeilles qu'une petite ville de

province en France! Là, aussi bien qu'en Allemagne, l'orgueil de la femme est de joindre les deux bouts. Mais quel contraste! A la Française il suffit de sourire, d'ôter son tablier et la voici au salon. Elle reste toujours femme, notre frétillante ménagère, femme jusqu'au bout de ses doigts que vous pouvez baiser sans sentir le rance de la graisse de cuisine, sans y voir les hachures de la laveuse de vaisselle. A l'Allemande il faut une métamorphose de la tête aux pieds pour être présentable, et encore... elle doit mettre des mitaines et se serrer le pied...

Quand vous rencontrerez la petite provinciale, Parisiens, ne souriez plus que d'un tendre sourire. Rappelez-vous qu'elle a été comme vos jeunes filles élevée en serre chaude, et qu'alors, dans sa rêverie enfantine, l'existence lui apparaissait teintée de rose à l'horizon. Perrette, sur sa tête, avait un pot au lait... Vous savez le reste... Patatras, tout tombe, tout est tombé... Maintenant la voici petite bourgeoise qui achète une machine à coudre et n'occupe qu'une seule bonne à tout faire. Mais la petite bourgeoise est française, primesautière, versatile, gaie. Son premier soupir est une aigreur du cœur; le second l'évaporation d'une larme. Et puis, si les illusions ne se ramassent pas plus que le lait et les œufs, êtes-vous bien sûr qu'elles ne renaissent pas ? Regardez quelques mois plus tard ce sourire, ciel de lit au-dessus d'un berceau, ou bien écoutez le soir la jeune mère qui dodelinant son chérubin, l'endort avec ce rêve : « En attendant, sur mes genoux, beau général, endormez-vous... » Mais, patatras, encore une fois tout dégringole... Bast ! les petits pieds en seront quittes pour trottiner un peu plus lestes sous la machine à coudre qui raccourcit les larges culottes du papa... Au lieu de la bonne, on n'aura plus qu'une femme de journée... Au lieu de la première qualité, on prendra la deuxième qualité chez le boulanger, dans le ménage militaire le pain de munition de l'enfant de troupe suffira même et... au lieu de pleurs le sourire renaîtra encore jusqu'à ce que... pata... Non, cette fois-ci nous nous trompons, la larme que nous apercevons est une larme de bonheur.

Vous souvenez-vous du beau rêve au-dessus du berceau de bébé ? Eh bien, l'expression de bonheur qu'il faisait naître alors n'est-elle pas la même qui, quoique noyée par une larme, éclaire aujourd'hui cette douce figure de mère un peu vieillie, un peu ridée, mais toujours souriante et bonne ? Parbleu ! Ne voyez-vous pas, là-bas, ce beau grand garçon tout flambant neuf dans son uniforme de saint-cyrien ?...

6.

Étrangers, si vous voulez connaître notre bourgeoisie, ne visitez plus Paris comme vous le faites, non pour connaître la ville-lumière, mais pour jouir de la ville-souillure... Venez en province. Vous y verrez nos femmes accepter sans murmure ni rébellion une vie d'abnégation et de dévouement consacrée à leur famille. Elles suivent, ces calomniées, ces méconnues, un sentier monotone et étroit, sans s'en écarter, s'arrêtant seulement de temps à autre, pour cueillir cette fleur française qu'on nomme la gaieté.

Certes, l'Allemande possède cette vertu de mère : l'abnégation ; mais on peut arracher les plumes de ses ailes pour couvrir ses enfants et songer à masquer l'endroit dénudé. Cette dignité de femme, l'Allemande ne l'a plus après quelques années de mariage. C'est une excellente lingère, une repasseuse émérite, une lessiveuse hors ligne. Oh ! tout cela, nous vous l'accordons ; mais ce n'est plus une femme. Aller de sa cuisine au café-cancan lui suffit. Sans cette distraction et sa soirée périodique au théâtre, elle resterait volontiers chez elle en savates et en déguenillée.

Telle est l'existence de la femme allemande des classes moyennes : elle s'écoule tout entière, monotone et prosaïque, dans la boutique d'un perruquier. Avant tout, elle est pratique et positive. Qu'elle soit jeune, belle, instruite, sa vie est toujours bornée par le même horizon : un intérieur, des marmots, un maître. Presque jamais, comme dans les vaporeuses rêveries de nos jeunes filles, ne s'ouvrent sur cet horizon des percées de perspective au bout desquelles s'estompent de délicieux châteaux en Espagne. Illusions qu'une larme suffira pour faire crouler plus tard, c'est vrai, mais là est la poésie du cœur, la rêverie *et le sentimentalisme*, non de l'autre côté du Rhin.

Cependant ne vous figurez pas que l'Allemande soit mécontente de son sort. Elle seule est la vraie femme, la seule femme, la femme, *la hausfrau*. Il y a dans la langue allemande un mot français qui, sans cesse dans la bouche de la ménagère, est caractéristique. Parlez-lui de parallèle, elle ripostera aussitôt : nous sommes *solides*, nous! Cette expression ne veut pas dire nous sommes des gaillardes. Le mot français solide signifie en allemand : *comme il faut*, ou plutôt *comme il faut être*. Seulement il y a différents points de vue. Par exemple, un père de famille dira en parlant d'un jeune homme de bonne conduite : c'est un homme *solide*. Mais l'étudiant en dira autant d'un camarade *insaoulable*. Pour une honnête femme, celle qui n'a pas d'amants est solide ; pour une fille, c'est celle qui en a beaucoup qui l'est. Comme vous le voyez, tout dépend du point de vue.

III

Physionomie de cafés français et de brasseries allemandes.

Malgré la bonne opinion que la femme allemande a d'elle-même, un observateur ne s'étonnera pas de voir la vie d'auberge être une véritable calamité de l'autre côté du Rhin. L'homme, s'il est tout à fait jeune, pourra se complaire dans la puérile flirtation, dans la société des jeunes filles ; mais plus tard, son tempérament grave et méditatif préférera toujours la discussion de son cercle ou la solitude de son cabinet au commérage et à la sensiblerie de sa ménagère. Le petit rentier qui va au marché a, seul, l'esprit de niveau avec celui de la société féminine qui se réunit le soir chez sa femme autour d'une théière ou d'un saladier de *mai wein* pour continuer le café-cancan. Tout autre, pour tant que bâiller, préférera bâiller au cercle. Et puis là le Germain est si bien à l'aise ! Il n'est plus, comme dans un salon, gauche, gêné, sans cesse sur ses gardes. Il redevient lui sans craindre que ses grossiers appétits fassent craquer le vernis de l'écorce : l'écorce étant à nu.

Le cercle est en Allemagne, comme pour beaucoup de Français d'ailleurs, un milieu entre la vie de famille et la vie publique. Et là, peut-être mieux qu'en tout autre endroit, le tempérament se dévoile avec toutes ses aspérités ou ses délicatesses de trempe. A la tribune, ce ne sont que les grands traits caractéristiques d'une race qui fassent saillie. Au café l'individualité locale se trahit. L'orateur a la nation entière qui l'écoute : il se réserve tout en donnant la mesure de son talent. Le clubiste n'a que des intimes comme auditeurs : il s'abandonne et laisse percer des faiblesses. Ce n'est que pour la galerie qu'il pose. Visitez nos villes de province ; que de tempéraments divers nos cafés vous révéleront du nord au midi !

Sur la frontière des Flandres, l'homme, bruyant, violent, prodigue dans les réunions politiques, est, à la brasserie, grave, froid, concentré. Il boit et fume en silence. Veut-il qu'on renouvelle son pot de bière : il en laisse retomber le couvercle d'étain. A ce bruit, le garçon accourt, emplit de nouveau le pot de cervoise tandis que lui, toujours silencieux, bourre une seconde pipe, puis une troisième, une quatrième, boit une troisième chope, une quatrième, se lève, accroche au râtelier sa vénérable pipe hollandaise ou belge, paie silencieusement au comptoir et s'en va.

Mais descendez au sud, chez le Gascon. Quelles clameurs, quels frétillements ! La scène a changé comme sous un bâton magique. Ici vous entendez une hâblerie entre deux propositions d'affaires; là un essaim de rires sonores s'envolent à l'issue d'un conte grivois. Plus loin s'élève une discussion, et les arguments, improvisés par l'amour-propre, de tomber drus comme grêle, accompagnés de grands gestes déclamatoires.

Où est l'endroit public qui nous ferait mieux apprécier, avec toute sa saveur de terroir, le tempérament local de cet exilé saxon et de cet émigré espagnol, tous les deux d'une race distincte et tous les deux Français ? Le café n'est-il pas une scène en miniature où se joue en permanence la comédie humaine ? Le décor est toujours le même, mais la pièce varie sans cesse, comme le cœur humain, cet éternel Protée. Aujourd'hui c'est jour de marché, demain jour d'élections, après-demain fête populaire et à chacun de ces jours l'intérêt, la passion ou le plaisir renouvelle le spectacle.

L'aspect extérieur et intérieur de la brasserie allemande n'a aucune similitude avec celui de nos cafés ou de nos cercles. L'extérieur ressemble à une maison bourgeoise ; l'intérieur à une taverne française d'il y a un siècle, ou à un de nos cabarets de campagne d'aujourd'hui. Il ne s'y trouve ni panneaux dorés, ni banquettes rembourrées, ni tables de marbre, ni glaces. Tout cet élégant confort est un luxe de la *Babylone moderne* presque inconnu ici. Le café français est de date très récente en Allemagne et n'existe que dans les grandes villes. Sa clientèle est, d'ailleurs, cosmopolite et flottante plutôt qu'allemande : le Germain préfère sa brassere.

Pour vous représenter la physionomie exacte de cette auberge nationale, figurez-vous une grande salle enfumée où, çà et là, sont disséminées des tables de bois peint en couleur jaune brunâtre (1) et entourées de chaises communes. Joignez comme décors un comptoir de bois ou d'étain, sans aucune élégante coquetterie de main-d'œuvre ; derrière ce comptoir, un stock de verres de toutes dimensions rangés sur des rayons, une

(1) Dans les brasseries-restaurants quelques-unes des tables sont recouvertes d'une toile écrue ouvrée de dessins rouges ou bleus qui leur donnent l'aspect de grossiers tapis de table plutôt que de nappes.

petite horloge à balancier visible ou un coucou, le buste de l'empereur et de l'impératrice, du prince impérial ou des souverains du pays. Au mur, dans les pays boisés, une quantité de trophées cynégétiques tels que : empaumures de cerfs, broches de sangliers, cornes de chevreuils… Dans les autres contrées, trois ou quatre méchantes gravures représentant des épisodes de la guerre de 1870 ou des légendes, et enfin, dans un coin, le râtelier des pipes. Voilà, en tous points, le décalque des neuf dixièmes des brasseries allemandes.

Jetons, maintenant, un rapide coup d'œil sur le client. Au nord, c'est notre Flamand. Comme lui il est silencieux, sérieux, presque taciturne. Il boit et fume, joue quelquefois aux dés ou aux cartes, mais bien rarement pérore. C'est l'homme des pays froids dont la terre est ingrate, le climat sévère. Quand dans sa gravité une note joyeuse s'entend, elle détonne ; de même quand la grisaille de son ciel s'échancre, découvrant un pan bleu, ce n'est qu'une éclaircie.

A la brasserie, comme partout, cet homme vit pour lui-même et en lui-même. Voudrait-il, d'ailleurs, vivre autrement, il ne le pourrait pas. Il lui manque, nous l'avons déjà dit, cet élément de sociabilité : la femme.

Au sud, vous rencontrez le Bavarois : c'est le Gascon allemand. Ce gros lourdeau, tout plein de bière, clame et bataille comme notre hâbleur ; mais la ressemblance est toute superficielle. La civilisation a raffiné l'un et n'a que dégrossi l'autre. Le Bavarois est rusé, non perspicace, non clair, subtil, parce qu'il ne sait pas vivre dans les autres avec le ridicule comme frein, le tact pour guide, l'amour-propre sans cesse en éveil.

Si vous descendez de quelques échelons l'échelle sociale, la bestialité vous écœure dans le bouge de l'ouvrier germain. Là, il n'y a, littéralement, que de quoi s'enivrer : des barriques de bière sur un comptoir; on tire à même de la tonne. Et avec quelle rapidité le tonneau plein remplace le vide ! Mais aussi quelle orgie les jours de fête ou de ripaille ! Comme on s'empiffre ! Comme on se sature de bière ! Plus bas, l'échelle sociale n'a plus qu'un échelon, celui qui traîne dans le ruisseau.

Passez un jour de goguette nationale ou de fête quelconque devant la porte d'une fille soumise, ou bien entr'ouvrez la porte d'une brasserie interlope à femmes fréquentée par le bas peuple. Ici ou là on fait antichambre. L'un sort, l'autre entre...

En France, dans nos maisons de tolérance les plus ignobles, l'appétit de le chair ne déchaîne pas ainsi l'animal. L'homme couve sa convoitise, mais il sait le dissimuler. Que ce soit sous des railleries brutales, des équivoques, des quolibets grossiers, l'apparence est toujours sauve. Ici il n'y a pas même de transparent. On dirait des chevaux en rut accoués à la file les uns des autres et ayant à leur tête une jument.

Dans les provinces du centre, principalement en Saxe, le niveau moral est supérieur, les manières ont plus d'aménité. L'homme du peuple n'a pas la rudesse orgueilleuse du Prussien, ni la bestialité du Bavarois. Il met dans ses rapports de la loyauté, de la bonhomie, non la ruse et l'égoïsme de celui-ci, l'âpreté et la défiance de celui-là.

Pour compléter notre parallèle, disons que la brasserie saxonne est celle dont la physionomie rappelle le plus les petits cafés de nos provinces du nord, moins toutefois l'animation. Le Français n'a-t-il pas toujours quelque chose à dire ? n'est-ce que ce qu'il vient d'entendre le moment d'auparavant. Au nord, il est moins expansif que le méridional, mais il est, presque autant que lui, critique et contradicteur. L'Allemand, qu'il soit du nord ou du midi, ne peut être que très banal, ou bien trop grave, trop profond, trop étendu et trop diffus à la fois.

IV

La villégiature du dimanche. — Flânerie dans la Forêt-Noire. — La fée Écho. — En vacances avec les petites gens de l'Allemagne. — Quelques silhouettes. — Une famille en excursion. — Nuances de tempérament entre Français et Allemands.

Le dimanche, la petite et la grande boutiques de perruquier chôment. Tout le monde est en villégiature. Dans les pays boisés, à chaque clairière de la forêt, vous entrevoyez le camp volant d'un pique-nique. Le coin de campagne renommé, les vieilles ruines, les sites agrestes sont autant de fourmilières humaines. Quand les environs sont monotones et plats, la bourgeoisie va s'entasser dans les auberges d'alentour pour y manger du wurst (1) ou prendre le café. Souvent, aussi, le petit commerçant loue un jardin à proximité de la ville. Le dimanche venu, la famille y apporte ses provisions de bouche et dîne sous la tonnelle. Après le repas, le père et les fils cueil-

(1) On fait toutes sortes de *wurst* en Allemagne : le *Cervelatwurst* qui est à peu près notre saucisson; le *Fleischwurst* qui est notre cervelas, mais il se vend au poids et non à la pièce; le *Leberwurst* (saucisse au foie); le *Gehirnwurst* (saucisse à la cervelle); le *Blütwurst* qui est notre boudin, mais légèrement fumé.

lent leurs légumes; la mère et les filles arrosent, tout en taillant une bavette sur les passants.

Non seulement la bourgeoisie, mais le peuple, participe à cette vie de villégiature du dimanche. Aux fêtes patronales, la corporation d'ouvriers se réunit : on achète un tonneau de bière, on le cale entre quatre cailloux sous l'ombrage, deux ou trois musiciens de bonne volonté improvisent un orchestre et la danse commence pour ne cesser qu'au crépuscule. On enguirlande alors la barrique vide et l'on revient triomphalement en chantant de vieilles ballades où chacun, quoique un peu ému, fait religieusement sa partie en marchant en cadence...

Dans les auberges de village la salle de danse est comble. Un paysan, un ouvrier ou un soldat tient le piano. Ses gros doigts, habitués à la bêche ou au marteau, s'appesantissent sur les touches d'ivoire comme des automates sans joints déliés. Cependant la cadence et la mesure sont justes. Une intuition d'oreille guide ces musiciens-nés avec une merveilleuse sûreté : et les couples passent rapides, silencieux, béats, sans se soucier de l'atmosphère surchauffée par la buée des haleines, la fumée des pipes et des cigares, empuantie par l'aigreur des transpirations, le relent de la bière et des rogatons de *wurst*.

Qu'importe ! Tous sont doucement empoignés par le plaisir intrinsèque de la danse! Ils désirent un courant d'air, non pour chasser ce renugle atmosphérique, mais parce qu'ils ont trop chaud.

La valse terminée, le musicien fait un tour de quête, puis amoureux et amoureuses vont s'isoler au jardin, ou s'attablent devant une bouteille de bière. Là, ils étalent, sans vergogne aucune, leur placide félicité : ils s'enlacent moiteur contre moiteur, se caressent, boivent au même verre... Le soldat côte à côte de sa servante (1), plantureuse fille au corsage charnel, à la figure luisante comme une casserole écurée, aux cheveux beurrés, à la joue allumée et comme greffée d'incarnat. L'infime employé en face de sa concitoyenne, une petite ouvrière de la ville voisine, encore tout enfiévrée du mouvement de la valse et anxieuse de la danse prochaine. Et, çà et là, à côté

____

(1) Toute servante en Allemagne a un amoureux qui, généralement, est un soldat. Cette habitude est tellement passée dans les mœurs que dès sept heures et demie du soir vous voyez à chaque porte de maison le couple se faire tranquillement des mamours, causer, rire... et souvent, quand la pénombre du porche le permet, la conversation devient mouvementée... Une telle habitude est tolérée dans *toute* l'Allemagne, aussi bien par la grande dame que par la petite bourgeoise.

de ces citadines, véritables reines des bals villageois, les paysannes et leurs gars. Tout ce monde est calme, il se parque dans ses plaisirs comme dans la cour d'une caserne.

Cette existence est loin d'être celle des ballades, des légendes et des contes populaires ; mais elle nous la fait pressentir et révèle déjà le vieux panthéiste adorant ses forêts. Cependant elle existe encore en Allemagne cette vie empreinte de la naïve mysticité intime dont parlent les vieilles légendes ; mais elle est bien courte : elle dure à peine un mois, le temps des vacances.

Une telle existence nous est presque inconnue en France. Nous avons bien la vie des plages et celle du château ; mais allez proposer à une famille parisienne un séjour d'un mois dans un petit trou pittoresque pour y vivre des *jouissances de l'âme*, elle éclatera de rire.

Ici, petites bourses et privilégiés, tout le monde, aux beaux jours ou à l'époque des vacances, s'en va en villégiature. Ceux-ci se rendent aux grandes stations thermales pour y vivre de plaisirs et de fêtes — laissons-les à leur mondanité — ceux-là ont mis sou à sou de côté une légère épargne pour pouvoir habiter pendant un mois un petit trou de la Forêt-Noire. Accompagnons ces humbles, avec eux nous entreverrons ce que la Germanie a de meilleur. D'ailleurs, ces petits trous sont délicieusement pittoresques.

Contemplez au lever de l'aurore la grande Noire qui se réveille. On dirait un gigantesque tournesol présentant au soleil le faîte de ses arbres séculaires. Une robe de brume d'un gris visqueux l'enveloppe encore. Peu à peu, sous les tièdes caresses du soleil, elle se décolore et blanchit. Mais bientôt ces caresses deviennent de brûlantes morsures : elles déchirent l'enveloppe floconneuse et la forêt apparaît toute bruissante de l'existence des infiniment petits qui s'éveillent... Le rossignol, blotti sous la feuillée, secoue ses ailes en faisant entendre son joyeux babil, solo de trilles dans ce chœur matinal. La fleur savoure la goutte de rosée qui, pendant tout un jour, va la rendre vermeille ; et sous la mousse fraîche, des milliers d'insectes sont déjà au travail, butinant à l'envi.

Et pendant que tout ce petit monde s'éveille, le soleil monte toujours à l'horizon. Ses rayons obliques, alliés d'ombres, jaspent les percées et les larges éclaircies, faisant ressembler la branche prématurément hâlée à un rameau d'or bruni ou rutilant. Bientôt ces demi-teintes font place à un éblouissement cru. Il est midi. Le soleil darde d'aplomb ses rayons sur la forêt en torpeur. La vie et le mouvement sont suspendus pour permettre une sieste à la nature. De légères rafales filtrent à travers le feuillage rafraîchissant le touriste dont l'énergie est affaissée, l'intelligence paresseuse, et qui, mollement étendu dans l'ombre tiède, n'a de force que pour laisser aller son rêve.

Insensiblement l'astre décline, bigarrant de nouveau de lueurs de prisme la cime des arbres et les endroits découverts. Puis l'ombre estompe et plombe l'espace, le bleuit légèrement, et enfin semble en aspirer la vie agonisante pour y mettre à la place le vide noir. C'est la nuit. La forêt est silencieuse. Les battements de son âme se sont éteints avec le bruissement des infiniment petits qui sommeillent... Tout à coup, dans le vide du silence, une vibration harmonieuse se perçoit. Faible d'abord, elle se dilate, s'étend, éclate pleine de sonorité, et vous voyez passer sur le ruban moiré d'argent du grand chemin un groupe de moissonneurs attardés ou une société chorale revenant d'une fête. Peu à peu, les voix s'affaissent, l'espace affine et efface les vibrations, une dernière note ténue tinte, un instant suspendue dans l'atmosphère, puis tout redevient calme et silencieux. Seul, l'oiseau de nuit fait entendre de temps à autre son cri d'angoisse auquel la fée *Echo* répond plaintivement.

La fée *Echo*, vous l'avez deviné, est l'héroïne d'une légende. Il y a dans la Forêt-Noire des rochers très escarpés au milieu desquels se trouve un petit espace couvert de fleurs où le son se répète, réfléchi. D'après la fable, ces endroits sont habités par une fée nommée *Echo* dont voici la légende.

Un jeune et hardi chasseur avait l'habitude de venir tous les jours dans ces dangereux endroits. La fée protectrice de ces lieux en devint amoureuse. Mais, étant invisible et ne pouvant se révéler que par la voix à celui qu'elle adorait, elle se mit à s'attacher à ses pas pour répéter passionnément ses paroles et le conseiller avec tendresse.

Cependant le jeune homme se lassa bientôt de cette protection occulte et s'en alla chasser plus loin. La fée, inconsolable, le croyait à jamais perdu, quand un jour, absorbée comme de coutume dans une rêverie de souvenir, elle voit tout à coup apparaître son cher fugitif. Le jeune homme poursuit un daim. Il est haletant, et, aveuglé par sa passion favorite, saute de rocher en rocher, inconscient du danger. La fée, affolée de terreur, court à lui pour l'avertir. Hélas! elle arrive trop tard. Le pied de son amoureux a glissé, il tombe dans le précipice. Va-t-elle laisser

là le corps meurtri de son bien-aimé? Comment
l'empêcher de devenir la pâture des bêtes? Soudain elle se lève, parcourt la forêt et reparaît
bientôt les mains pleines de fleurs. Dans cette
sépulture odorante elle ensevelit le corps de son
bien-aimé qui, reconnaissant de tant de délicatesse et de tendresse, revient, à chaque printemps,
sous la forme d'une fleur répondre par son parfum à l'amour de son amante. Quant à la bonne
fée, quoique la mort ait comblé tous ses vœux,
elle ne veut pas être ingrate, et de sa douce voix
console les malheureux et les amoureux blessés
au cœur qui viennent se plaindre dans sa solitude (1).

Mais revenons à la réalité et allons faire connaissance à table d'hôte avec les touristes de la
Forêt-Noire. Au bout de la table, préside un
vieux habitué, le professeur avec sa famille et
quelques élèves. Lui vient ici en écolier, pour
faire l'école buissonnière, sans se douter qu'en
herborisant, racontant des légendes, mettant sans
cesse son intelligence au niveau de toutes ces
jeunes cervelles questionnantes, il instruit mieux

(1) Nous avons entendu raconter cette légende et c'est
de souvenir que nous l'avons écrite; aussi la forme du
conte allemand peut-elle différer de celle que nous
avons donnée, mais le fond est le même.

son petit monde qu'à l'école. A côté de lui est assis son ami, le vieil utopiste. Qu'il soit docteur, poète ou philosophe, il est toujours le même : une vivante incarnation de la génération qui s'éteint. Plus loin, au milieu de sa nichée d'enfants, le ministre protestant, humble et très serviable. C'est généralement le fils de petits bourgeois ou de paysans, ce qu'on appelle une *bonne tête*. Puis, çà et là, quelques artistes à talent timide et d'autres, plus jeunes, qui cherchent leur voie.

Voilà les petites et bonnes gens de l'Allemagne. Ils sont simples, modestes et obligeants. Dans le nombre, il y en a bien quelques-uns dont la tournure, croquée par le caricaturiste, nous ferait sourire ; mais si le psychologue en étudie le cœur, nous les honorerons. C'est qu'avec eux nous sommes certains de ne jamais entendre un sarcasme contre la France. Ils jugent notre nation en savants, en artistes : à sa juste valeur.

Au tour des Gallophobes. Le premier, à l'autre bout de la table, est le petit bureaucrate prussien : sec, hautain, gourmé, froidement poli. La Prusse est le moi humain de l'Allemagne ; lui, le moi prétentieux parmi ces humbles. C'est une mouche du coche qui bourdonne, ne pouvant plus piquer. A côté de lui sa femme, madame *Calculator*. Un portrait est inutile ; ce proverbe : tel maître, telle servante, la dépeint.

Plus loin, le fils du professeur ou du docteur : la nouvelle génération en contraste avec la vieille. Généralement il est étudiant dans une corporation ; vous le reconnaissez vite à ses airs de matamore, à sa figure couturée de hachures de rapière dont quelques-unes, les plus glorieuses, élargies à dessein, ressemblent à de hideux bourrelets saigneux. En face de lui, le petit négociant de la génération de la guerre. Celui-ci est le plus implacable. Après nos désastres il est allé en France pour ses affaires, ou pour se perfectionner dans notre langue. Il y a été conspué. Les cervelles chaudes du Midi l'ont traité d'espion ; alors il rentrait sa rage ; aujourd'hui elle bave. Dans toute la grande nation française il ne veut remarquer que nos cocottes et nos gommeux.

Retournons maintenant auprès du professeur, du docteur et de l'artiste pour faire connaissance avec leur famille. Commençons par leurs femmes.

Ne vous attendez pas à trouver en elles des Corinnes. Elles ne sont que de bonnes ménagères dans le sens le plus plein du mot. Mais ici il n'y a plus ni cafés-cancans, ni tavernes. Adieu la lessive (1), le repassage et les menus travaux d'in-

(1) Le plus grand orgueil de la *Hausfrau* est d'avoir assez de linge pour ne couler la lessive que deux fois, trois fois ou quatre fois par an.

térieur. Pendant un mois le vieux couple restera constamment uni. Cependant l'habitude est tellement despote que vous entendrez encore, par-ci par-là, quelques potins ; mais c'est d'une seule oreille que le vieux docteur écoute ce que sa femme lui jacasse en sourdine. Ce sourire tendre, cette réponse toute de travers, est une douce réprimande que l'épouse a comprise depuis bien longtemps. Aussi, seule, la surface est mesquine, le fond est excellent. Ces anges tutélaires du foyer sont de vraies mères couveuses qui se déplument pour vêtir leurs enfants : les terribles sans-dot.

Et elles sont ici tout un essaim venu avec le secret espoir de rencontrer un fiancé. Remarquez leurs manéges de coquetterie. Toutes ont mis leurs plus beaux atours. A peine à table, après le *mahzeit* (1) échangé.

— Mon nom est ***, vous dit le père.

— Le mien ***, répondez-vous.

Voilà la glace rompue. Dès cet abord la famille est familière avec vous. Mais restez sur vos gar-

---

(1) Avant chaque repas, il est d'usage en Allemagne d'échanger avec ses voisins, même s'ils vous sont inconnus, ce mot : *Mahlzeit*, abréviation du souhait : Prosit *mahlzeit* (que pendant sa durée votre repas soit béni). La traduction libre serait : bon appétit.

des, que la jeune fille ne pressente pas en vous un mari ! Elle ne manquerait plus une occasion de faire valoir, sous l'aspect le plus séduisant, ses qualités de femme d'intérieur ou d'artiste... Hélas ! malgré ses avances, masquées sous des dehors d'affabilité, elle ne rapporte le plus souvent qu'une corbeille... (1).

Une autre jeune fille est aussi là avec le secret espoir de se fiancer : la sentimentale institutrice en vacances. Bettina au petit pied, à l'imagination malade et bourrée de poésie plutôt qu'au cœur poétique. Sensitive qui, au contact des réalités du mariage, se fanerait bien vite pour faire place à une prosaïque ménagère. Au fond, c'est une douce et bonne créature dont la bête noire est la vieille fille, sa voisine.

Celle-ci est le type du bas-bleu allemand : polyglotte, savante, et parfois si *sensitivement* sentimentale que, malgré les années, elle reste la personnification de cette pensée de Pascal : « Qui

---

(1) Cette expression allemande, dans laquelle le mot *français* corbeille est employé, a la même signification que notre expression d'argot : *remporter une veste*. D'où vient son origine ? Peut-être de cette ancienne coutume d'Orient où, dans certains pays, la jeune fille qui veut refuser un fiancé lui envoie une corbeille de fruits ou de parfums.

fait l'ange, fait la bête. » Son cœur, forcément platonique, s'est lentement desséché. Aujourd'hui il ressemble à ces fruits ridés par une sèche conservation. Ne grattons pas l'écorce de peur de rencontrer trop vite un pépin amer.

Il y a aussi à la Forêt-Noire la bonne tante du stift, quelques couples de jeunes amoureux et leurs parents... Mais le dîner est maintenant terminé; tout le monde se prépare à partir en excursion. Faisons de même et accompagnons cette famille composée du père, de la mère, de deux nouveaux fiancés et quelques enfants.

Elle va visiter les vieilles ruines pittoresques juchées presque à pic en haut de la colline (1). La rampe est raide. Les gamins la grimpent en écureuils, joyeux, lestes, trottant menu et ferme pendant un instant pour dégringoler et remonter ensuite le même chemin. Les amoureux sont en avant, presque silencieux, mais, au fond du cœur, béatement heureux. Ils s'aident mutuellement, se remerciant d'un sourire, parlant par œillades, cueillant et échangeant des fleurs qu'on fera sécher en souvenir de cette date d'amour. Puis

---

(1) Bien que les ruines soient fort rares dans la Forêt-Noire, nous avons choisi ce but de promenade parce qu'il nous permet de montrer le tempérament allemand sous différentes faces.

là-bas, en arrière, un peu essoufflés tous les deux, le père et la mère qui marchent à petits pas. Lui, en bras de chemise, se tamponne le front ; elle, le corsage légèrement ouvert, défait les brides de son chapeau. A mi-côte on se regarde : chacun a bien chaud. Si l'on faisait une petite halte ? Et d'un commun accord on s'assied au bord de la route, criant aux enfants de ne pas aller si vite. Mais bast ! ils n'en font qu'à leur tête. Quant aux amoureux, ils n'ont même pas entendu. Allons, encore un bout de chemin et nous voilà. Et cahin-caha on se remet à grimper. Enfin apparaît la vieille ruine que la légende peuple de tant de revenants et où un mastroquet a établi une auberge. On se case tant bien que mal, et le père demande de la bière et de la limonade pour rafraîchir tout son monde qui meurt de soif.

Après un moment de repos, pendant lequel les amoureux boivent dans le même verre et s'essuient les lèvres avec des baisers, on se lève pour jeter un coup d'œil sur le panorama. Il est très renommé et vraiment beau : aussi n'a-t-on pas oublié la longue-vue. Elle passe de main en main, et chacun à son tour *d'avoir de l'âme...*

On va ensuite visiter les ruines. Les pourquoi et les qu'est-ce que enfantins tombent alors drus comme grêle. Pour en finir avec toutes les questions le père raconte la légende. Les enfants, le minois au vent, l'œil étonné, la bouche entr'ouverte, écoutent de toutes leurs oreilles le récit des fantastiques promenades nocturnes des fantômes qui hantent le vieux castel et des terrifiants exploits de guerriers qui pourfendent des géants. Mais voilà le soleil à son déclin. Il faut songer au retour.

Cette fois-ci l'ordre de marche est inverse : les gamins dégringolent et gambadent bien loin en avant; les fiancés s'attardent bien loin en arrière. Mais dans l'estompe du crépuscule à peine distinguez-vous les deux amoureux d'avec le vieux couple. Le bonheur de leurs enfants a ravivé de lointains souvenirs, ils se sentent remués au cœur, et eux aussi, les vieux parents, s'en vont silencieusement, la main dans la main...

Ne vous hâtez pas, cependant, de préjuger cet attendrissement. Nous venons de surprendre le vieux panthéiste sous l'empire d'une douce impression. Dans ces moments-là il est bien capable de murmurer le refrain de sa ballade célèbre : « L'amour est deux cœurs qui n'ont qu'un seul battement... » Mais un instant après il s'en va boire et manger, et adieu la poésie jusqu'à un prochain accès. L'intervalle durera peut-être une année : car nous ne comptons pas les crises subites après boire.

Quant à l'épouse, fût-elle la femme *modèle* que nous venons d'entrevoir, elle a pour devise : bonne mère, tendre servante-épouse, femme nulle. C'est toujours la petite bourgeoise qui, dans quelques jours, reprendra au logis sa vie prosaïque et laborieuse. Les sentiments sont ternes dans cette âme molle qui, n'ayant ni soubresauts nerveux, ni éblouissements, peut seulement, par intermittence, ressentir cette jouissance végétative, presque inconsciente qu'elle vient d'éprouver.

Combien en voit-on sur les banquettes des chemins de fer de ces couples rassis ou jeunes ! Ils sont là, la main dans la main, échangeant un coup d'œil langoureux entre deux bouchées, et c'est ingénument, sans vergogne, qu'ils étalent leur grosse joie exubérante.

Oui, l'Allemand a raison quand il dit que le mot « *gemütlich* » manque non seulement dans notre langue, mais que le peuple français ne peut éprouver le sentiment qu'il exprime : « *L'âme en béatitude.* » Pour jouir ainsi il faut avoir le tempérament flasque et placide du Germain. Comment le Français éprouverait-il un tel sentiment, lui, dont le cœur est aussi primesautier que l'esprit. Nous sommes exaltés pour un caprice, empoignés par une émotion. Notre cœur veut aller jusqu'aux extrêmes sensations de la douleur ou de la joie, mais tout de suite, et l'instant d'après à peine reste-t-il une légère cicatrice, déjà fermée par l'oubli ou l'indifférence.

Grâce à ces impressions de l'esprit et du cœur si multiples, si rapides, mais se succédant une à une, nous pouvons concentrer toutes nos facultés sur un seul objet. Aussi quelle vérité d'expression, quelle clarté, quelle légèreté de touche possède notre génie national! Voilà la source de nos haines et de nos sympathies momentanées, de notre enthousiasme hystérique et éphémère, de nos élans subits, et surtout de notre générosité dont nous sommes en tout si souvent dupes. Jetez les yeux sur notre histoire. Comme l'indignation nous soulève le cœur et exalte notre patriotisme pendant la Révolution! Tandis que notre rancune affadie nous conduit à un Sébastopol!..

Hélas! cette mobilité excessive est aussi la cause de nos malheurs. Elle fait naître des conceptions prématurées où trop souvent la logique et la réflexion font défaut.

L'Allemand, au contraire, a un tempérament mollasse. Son cœur, pas plus que son esprit, n'est capable de ces élans qui entraînent, passionnent, enthousiasment. Son intelligence trop complexe,

voulant trop embrasser, n'étreint rien nettement.
De là ses conceptions nuageuses où, de temps à
autre, scintillent, comme des étoiles dans un ciel
brumeux, ses ravissantes créations lyriques, ses
ballades, ses contes populaires, ses légendes. Dans
ces genres il est passé maître. Et pourquoi ? C'est
que le vieux panthéiste, ressuscité un instant sous
une impression de rêveuse mélancolie, isole son
imagination mystique sur un objet unique. Mais
ces créations sont forcément courtes. Dans les
grandes œuvres humaines le pédant reparaît
aussitôt prolixe et épais. Son intelligence est
pleine de matériaux, c'est vrai, mais, n'ayant
pas assez de subtilité pour les délayer un à un,
elle les entasse, les jette pêle-mêle. L'édifice qu'il
construit ainsi est une masse pâteuse où vous
ne distinguez aucune nervure finement travaillée.

Telle est la littérature de ce peuple, et telle est
son existence qui s'y reflète comme dans un
miroir terne. Çà et là, dans le miroir, nous remarquons de scintillantes clartés ; çà et là, la
morne existence allemande est également égayée
par de fugitives éclaircies.

Dans la littérature ces points lumineux sont
la poésie lyrique ; dans l'existence ce sont cette
vie de villégiature que nous venons d'entrevoir,

les fêtes de famille, et quelques vieilles coutumes traditionnelles.

Nous allons décrire, en leur consacrant le chapitre suivant, quelques scènes de cette vie intime du foyer qui, aperçue à distance à travers la poésie des ballades et des légendes, a doté l'Allemagne d'une réputation usurpée. On oubliait que ces scènes d'intérieur, dont quelques-unes sont vraiment charmantes, n'égayent qu'à de bien rares intervalles une vie stagnante, monotone et prosaïque.

Pour ne pas être taxé de partialité, trions sur le volet.

V

La Noël allemande. — Notre jour de l'an. — A notre lectrice française à l'occasion de cette fête. — Le 31 décembre en Allemagne. — La veille des noces.

Personnification de la Germania. — L'édifice de Bismarck. — La France et l'Allemagne face à face.

La plus grande fête de l'année en Allemagne est la Noël. C'est la fête du foyer, solennelle comme une féerique apparition pour les enfants, douce comme une rêverie de légende pour les parents. Humbles et grands, malheureux et privilégiés, tout le monde est égal ce jour-là par le cœur. L'étincelle, qui pétille dans les yeux du pauvre, de l'orphelin, est la même que celle qui illumine le regard du petit riche.

Parcourez une ville ou un village allemand le soir de Noël : toutes les rues sont désertes ; à peine rencontrez-vous un rare passant, qui toujours est un étranger. Mais quelle effusion, quelle allégresse au foyer domestique !

Un long mois d'avance les préparatifs commencent. On casse les tirelires : les garçons pour faire des emplettes, les jeunes filles pour acheter un canevas à broderies. Aux leçons de couture, aux cercles de français ou d'anglais, on retire de la cachette du manchon, de l'étui à musique, du carton à livres, la grossière étoffe qui, peu à peu, disparaît sous les ténues broderies à jour, les diaprures de tapisserie, et bientôt se métamorphose en un délicat surtout de meuble. Ceci est le cadeau de la mère. Au tour du fiancé maintenant.

Pour lui les doigts seront encore plus agiles. Que d'aiguillées, que de fines piqûres il faudra pour détacher en délicates nervures d'or et de soie, sur le dos d'un portefeuille, les deux initiales du bien-aimé ; et si le fiancé n'est pas officiel que de veilles elle passera seulette dans sa chambre à coucher !

Le soir on travaille pour les pauvres : car presque chaque famille aisée a les siens au grand jour de Noël. La veillée se fait autour de la grande table de la salle à manger. On coud, on tricote, on taille, on coupe, rallongeant, raccourcissant jupes, robes, camisoles et paletots. Le soir de la fête venu, chaque enfant ira étaler sous l'arbre de ses petits protégés son bagage de charité augmenté de vivres et de menus jouets (1).

Dans la ville les rues ont un air de fête. Devant les devantures des magasins, étagées savamment en perspective, à l'instar de celles de Paris à la fête du nouvel an, stationnent des groupes de badauds, des parents indécis dans leur choix, des enfants clouant des yeux les jouets......

Les jours ont passé rapides. Sur la place du marché voici déjà les paysans qui vendent des

---

(1) Dans chaque famille aisée les enfants ornent avec leurs économies un arbre de Noël pour leurs petits pauvres. L'après-midi du 24 décembre, jour de la célébration de la Noël, à trois ou quatre heures, les petits protégés arrivent dans leurs vêtements du dimanche ; les plus jeunes ont appris une poésie pour la circonstance. L'arbre est allumé, on chante un cantique de Noël et l'on fait la distribution de jouets, vêtements et provisions.

branches de sapin, les arbres de Noël. Il y en a
de toutes dimensions, pour toutes les bourses. A
côté de la grande dame, accompagnée d'un laquais qui porte un arbre entier, vous coudoyez
l'ouvrière qui n'achète qu'un arbrisseau, le soldat délégué par la chambrée, car la caserne
fête également la Noël, et aussi les tavernes, les
hôtels, les casinos militaires, etc...

Le grand jour approche : nous sommes à la
veille. A la maison, les rideaux sont changés,
les planchers repeints ; tout reluit nettoyé, écuré
à fond. En l'armoire ùo la huche est entassée
une montagne de gâteaux qu'on passa une
entière après-midi à confectionner (1). Dans
les rues, à travers les vitrines des étalages, vides
par places, vous entrevoyez les commis beso-
gneux, aux yeux battus, aux traits tirés de fatigue, paquetant quelques emplettes tardives, re-
prenant les objets qui déplaisent, en étalant
d'autres avec cette politesse obséquieuse, plate, à
courbettes, caractéristique chez le commerçant

---

(1) Aux trois grandes fêtes, à Pâques, à la Pentecôte
et à Noël, dans quelques parties de l'Allemagne, les
boulangers ne font ni pain, ni *wecks*. Dans chaque famille on confectionne des gâteaux pour le déjeuner et le
goûter. A Noël on fait, en outre, de petits gâteaux au
beurre et à l'anis très variés de forme et de goût qui
sont déjà prêts au commencement de décembre.

allemand. Peu à peu, le magasin devient désert, à peine de rares chalands y pénètrent-ils encore à de larges intervalles.

Enfin le soir du grand jour est arrivé (24 décembre). Déjà depuis une longue heure la mère et les tantes sont enfermées dans le salon, allant, venant, cachant ici un jouet dans le pli d'une étoffe qu'elles bouffent pour donner l'illusion de l'épaisseur, blottissant là un bijou ; de tous côtés dissimulant des friandises.

Dans la salle voisine, les enfants, ayant congédié leurs petits protégés, chuchotent à voix basse. Les grandes sœurs montrent leurs ouvrages faits à muche-pot et cachés chez l'ami intime. L'aînée a brodé un surtout de table, la cadette une calotte coin de feu, la troisième une paire de pantoufles..... Personne n'a été oublié, ni les grands parents ni les fiancés ; mais leurs surprises sont déjà dans la salle voisine pour faire nombre sous l'arbre. Toutes les petites têtes se penchent, chacun donne en sourdine sa note d'exclamation, puis la jaserie enfantine reprend de plus belle : on commente ceci, on suppose cela. Le plus espiègle, le benjamin, s'avance en tapinois vers le trou de la serrure... il revient la frimousse brillante, l'œil émerillonné, la bouche mouillée de gourmandise, et, avec des gestes discrets, s'avançant sur la pointe des pieds vers la grande sœur : j'ai vu *Ton* manteau.....

Derrière la cloison l'arbre est maintenant paré! Tous les parents : père, mère et quelquefois grand-père et grand'mère, reculés de quelques pas, dodelinant de la tête, donnent par-ci par-là la dernière touche..... Enfin tout est prêt! La porte est ouverte toute grande ; et au milieu de la chambre, montant jusqu'au plafond, l'arbre de Noël apparaît comme un féerique éblouissement. D'innombrables petites bougies de toutes couleurs sont suspendues aux branches, illuminant dans leur irradiation les ornements de l'arbre. Les fils de métal chatoient, les boules de verre multicolores miroitent, les menus jouets en plomb, en sucre, en bois peint ou doré, semblent autant de diaprures, et sur la dentelle du feuillage de sapin, découpée à cru dans la lumière, voltige, papillotante, l'ombre de tous ces ornements. Au-dessous de cette merveille sont étalés sur de larges tables des étoffes de gaze, de soie, de satin, de laine, des objets d'art, de toilette, de cuisine... enfin tous les cadeaux, utiles ou frivoles, depuis la poupée de bébé, jusqu'à la robe de la bonne (1).

(1) Il est d'usage de donner aux domestiques ce jour-là cinq marks ou davantage et un cadeau. Ils recoi-

Dès le seuil, aussitôt la porte ouverte, une exclamation enthousiaste s'échappe, unanime, de toutes les poitrines des enfants. Il y a un instant d'extase. Puis chacun, son présent à la main, se jette dans les bras des parents. En ce moment le bonheur serre délicieusement le cœur d'une mère : ses yeux se remplissent de larmes en surprenant un rayon de joie dans le regard de toutes ces petites têtes blondes qui, groupées autour d'elle, se relèvent tour à tour pour l'embrasser. Mais les baisers se succèdent si rapides que les larmes sont vite essuyées et séchées ensuite par des sourires.

En un clin d'œil la table est dévalisée, mise à sac. Et quel tumulte, quel enfièvrement à chaque surprise ! Une botte de carottes artificielles renferme un étuis de compas ; une boule de vieux journaux maculés enveloppe le délicieux bracelet couvé si souvent à l'étalage ; une éponge sert de couvercle à une boîte de bonbons.....

On passe ensuite dans la salle à manger faire honneur à un souper de fête tout préparé. Après, et souvent pendant le repas, tant l'impatience est

vent également une gratification à l'époque des foires qui ont lieu deux fois par année dans presque toutes les villes de l'Empire. On donne aussi à la nourrice cinq marks quand l'enfant a sa première dent.

fébrile, les toupies ronflent, les mécaniques se meuvent, on met et l'on remet les vêtements, on essaie vingt fois le même bijou...

Les domestiques ne sont, non plus, oubliés. A travers portes et fenêtres, on jette, en criant *Jukapp*, de menus cadeaux empaquetés sous plusieurs enveloppes. Sur chacune d'elles se trouve un nom. Une première personne déchire la première enveloppe ; mais les rires argentins, les saillies narquoises lui font bien vite comprendre que le cadeau n'est pas à son adresse. D'autres lui succèdent ; peut-être seront-elles plus heureuses ? Mais non ! Les rires éclatent, les saillies pétillent de nouveau..... Ce sont encore autant de dupes. Enfin des hourras juvéniles et sonores proclament l'heureux acquéreur du cadeau (1).....

Cependant, malgré deux ou trois injonctions paternelles pour aller se coucher, personne ne bouge. Il en faut une quatrième, sévère cette fois, pour que tout ce petit monde s'en aille enfin dormir. Ne croyez pas, toutefois, que la fête soit terminée : elle se continue de plus belle, mais en rêve. La nuit de Noël est la plus agitée de l'année en Allemagne.

Elle nous manque cette grande fête de Noël, à la fois si solennelle et si intime. Et pourtant, nous

(1) Cette coutume n'a lieu qu'au nord de l'Allemagne.

le peuple qui nous proclamons prolétaire, ne devrions-nous pas, au moins une fois par année, nous sentir tous étroitement liés? Quel moment solennel serait celui où, l'horloge sonnant l'heure de la bénédiction de nos enfants, le cœur de la Patrie n'aurait qu'un seul battement!

Nous avons beau avoir des fêtes religieuses, des fêtes nationales, des fêtes d'écoles, au milieu de toutes ces réjouissances des notes discordantes se font toujours entendre. Notre grand jour de l'an même n'est-il autre chose qu'une journée de vacances, un *holyday* français? Pour les subalternes, n'est-ce pas la fête de la mendicité? Dans les classes aisées seulement ce jour-là est une fête de famille, une fête du cœur délicieuse d'effusion et d'affection câline; mais la durée en est bien courte! A peine les quelques heures de la matinée sont-elles écoulées que la ridicule coutume des visites cérémonieuses fait évaporer tout le charme de cette intimité familiale. Et puis, est-elle bien cette grande fête ce qu'elle devrait surtout être : une fête de charité? Oui, souvent; mais cependant nous ne donnons pas toujours toute la mesure de notre cœur. Qu'on nous permette donc de traiter directement avec notre jeune lectrice française cette question de charité.

8.

Figurez-vous, chère madame, que nous sommes au premier jour de l'an. Bébé vient de s'éveiller : sa mémoire, mal équilibrée d'abord, se rappelle tout à coup : son œil rayonne, et vite il saute à bas de sa couchette et se met à trottiner vers votre chambre. Le voici arrivé près du grand lit : il se hausse sur ses petits pieds, d'une main se cramponne à la couverture, de l'autre retrousse sa longue chemise, et d'une voix caline : « Petite mé.... petite mé... » Mais père et mère dorment ou feignent de dormir. Comment faire ? A travers votre paupière, sournoisement mi-ouverte, vous guettez le cher petit qui grimpe sur une chaise, essaie d'enjamber..... Mais vous n'y pouvez plus tenir : un gros baiser l'arrête net. Bébé est inopinément enlevé à bras tendus, couvert de caresses ! Puis, chaudement blotti entre vous deux, il se met à balbutier son compliment.

C'est un vrai baragouinage. Le monceau de jouets qu'il couve des yeux est une distraction trop émouvante ; jamais il n'arrivera au bout. Cependant vous, maman-gâteau, toujours taquinement cruelle, d'intelligence avec votre mari par un échange de sourires, vous laissez tranquillement le cher bébé gazouiller son bredouillement jusqu'à ce qu'un : « *sais pu...* » dit dans une petite moue, vous fasse pressentir une grosse larme qui monte.... Une larme! Ah mais non! C'est un sourire qui illumine la figure de bébé. En même temps deux petits bras s'enlacent autour du cou de petite mé..... petit pé..... et d'un gros polichinelle. Que de surprises, que d'exclamations, que de tendresses alors!

Vous aussi, chère madame, vous recevez bientôt vos cadeaux et vos baisers du nouvel an; et devenue aussi joyeuse et aussi enfant que votre chérubin, vous prolongez la grasse matinée, trouvant des enfantillages du cœur adorables, des taquineries câlines pour mettre des étincelles dans les yeux de votre enfant et couvrir de légères fossettes ses joues encore greffées de rose par le pli chiffonné de l'oreiller. Cependant il faut se lever et dire adieu jusqu'au soir à ce bonheur familial.

Place maintenant aux corvées.

Eh bien, pendant que vous allez en visites cérémonieuses, jetez les yeux sur le pauvre petit souffreteux en haillons qui suit d'un œil d'envie le gros polichinelle de votre fils, et qui, ce soir peut-être, s'ira coucher le cœur bien gros après un maigre souper, tandis que votre cher enfant s'endormira son jouet chéri entre les bras. Ne vous sentiriez-vous pas remuée au cœur, chère madame, en pensant que c'est un peu par votre insouciance que ce pauvre petit est dénué ainsi?

Nous le savons, devant ces petits malheureux votre cœur se serre, vous ouvrez la main et laissez tomber une menue pièce de monnaie. Mais il ne suffit pas d'être empoignée par une sensation extérieure momentanée, et de jeter votre aumône pour apaiser une douleur morale en soulageant un mal physique... La France si paternellement généreuse, si prime-sautière dans sa charité quand il s'agit d'alléger la misère d'autrui, ne devrait-elle pas songer tout d'abord à ses propres souffrances ? Que votre main, chère mondaine, soit constamment ouverte pour secourir l'humanité entière, oh ! très bien ! Le cœur n'a pas de patrie ! Mais, au moins, ne soyons plus dupes de notre générosité. Prenons, comme les autres nations, cette devise : chacun chez soi. Le patriotisme est égoïste. L'or de notre patrie qui peine et souffre ne doit pas être trop prodigué à des ingrats, des indifférents ou des égoïstes, tant que chez nous il y aura un seul misérable à secourir.

A Paris, le petit malade pauvre de certains hôpitaux a, ce jour de l'an, un pâle sourire en dénouant l'enveloppe du jouet que la charité inépuisable de notre capitale dépose sur son lit. Mais nous oublions trop souvent que, loin de notre ville-lumière, la province est dans l'ombre.

Des sociétés de secours y existent, mais elles ne sont ni suffisantes ni bien dirigées. Pourtant il faudrait si peu de chose pour que, dans un élan du cœur, cette généreuse France créât partout sur son sol des associations de charité qui prendraient à tâche de quêter à domicile les vieux vêtements des petits riches et leurs jouets délaissés. Ces quelques futiles joujoux, ces défroques démodées ou usées, suffiraient pour qu'au jour de l'an tous nos petits indigents fussent les égaux en gaieté de nos petits riches privilégiés.

Maintenant, chère madame, nous vous disons au revoir jusqu'au nouvel an prochain, persuadé que vous ne rencontrerez plus le regard luisant de convoitise de *votre* pauvret en haillons. Les rôles seront changés : ce sera vous qui aurez au coin de l'œil une larme..... pour récompense.

Le jour de l'an n'est pas en Allemagne une fête solennelle ; c'est un jour férié, rien de plus. Cependant la dernière nuit de l'année, les casinos et les cercles donnent un bal, dont la physionomie est toute particulière. Jusqu'à minuit, la salle de danse a son aspect habituel ; mais au premier coup de l'horloge annonçant la nouvelle année une clameur détonne soudainement. Elle est produite par la formule du souhait de bonne année échangée entre parents ou amis.

Anxieux, l'œil sournoisement aux aguets sur la grande aiguille du cadran, voisins et voisines, couples de danseurs et de fiancés échangent, à la première vibration de l'horloge, une vigoureuse poignée de main en se disant mutuellement : *Prosit neujahr* (bonne année). Pendant quelques minutes, la salle de bal ressemble à une fourmilière humaine en confusion. Ce souhait, qui vient de résonner tout à coup comme une détonation, s'entend ensuite isolément de tous côtés. *Prosit neujahr*, dit l'enfant à ses parents; *Prosit neujahr*, lui répond le vieux couple; *Prosit neujahr*, dit l'étudiant à son camarade, l'officier à son collègue, etc...

Ce *Prosit neujahr* vaut une visite de nouvel an. Ne soyez donc pas étonné de remarquer à ce bal de fin d'année plus de monde que de coutume, d'y admirer de plus belles toilettes, et d'observer l'impatience de chacun à rencontrer ses amis et ses parents.

A la maison, la veillée se prolonge jusqu'à 'heure des souhaits. Mais qu'elle est longue cette dernière soirée de l'année passée au logis! Là-bas, au casino ou au cercle, le bonheur met de la clarté ur toutes les physionomies. C'est que la jeune lle étrenne ce soir-là ses cadeaux de Noël. Pen-

dant que la molle cadence de la valse enlève les
enlacements des coupes, elles sent sur ses épaules
nues le froissement et l'ondoiement de l'étoffe
neuve et voit à son bras le scintillement du cher
bijou. Mais ici nous sommes chez le petit bourgeois, l'officier sans fortune, l'employé subalterne. Le minime traitement du père ne permet
pas d'acheter des robes de bal tous les ans comme
cadeaux de Noël. Il a donc bien fallu se rési-
gner à passer cette longue demi-nuit à bâtir, avec
des grains de sable, de beaux châteaux en Espagne pour l'année prochaine.

Jusqu'à minuit moins quelques minutes, les
langues et les aiguilles vont leur train, affilées et
agiles : celles-ci autant que celles-là... comme
d'habitude. Mais le moment est proche où le
veilleur du haut de la tour va proclamer la nouvelle année (1). Les jeunes filles, silencieuses, se
lèvent une à une et se rendent à la fontaine y
remplir un vase d'eau. De retour, elles font
fondre du plomb dans une cassolette. Le métal
une fois en fusion, chacune d'elles en prend une
cuillerée et, impatiente, un peu fiévreuse, d'une

(1) Dans quelques petites localités seulement et à la
campagne il y a encore des veilleurs de nuit. Ils annon-
cent la nouvelle année en déclamant des vers du haut du
clocher de l'église ou de la plate-forme de la tour.

main tenant la cuillère, de l'autre un fuseau ou une clé acquise par héritage, elle attend les yeux fixés sur le cadran... Minuit sonne ! Au premier tintement, la cuillerée de plomb est précipitée dans le vase à travers l'anneau de la clé ou le trou du fuseau ; une seconde, une troisième, ou quatrième cuillerée... sont ainsi jetées pendant que l'horloge tinte. La famille se penche, examinant avec curiosité les coulées qui, maintenant figées en éclaboussures au fond de l'eau, forment de capricieuses arabesques.

Pourquoi cette hâte, cette curiosité, ces commentaires, ces rires. Ah ! c'est que dans ces arabesques la destinée va dévoiler à la jeune fille la position de son futur fiancé. Tu épouseras un médecin, fait l'un, tiens, voici sa lancette. Non, ce sera un riche sportsman, voici un fouet..... Mais l'œil est en amour un prisme, à travers lequel le cœur regarde. Ne dirait-on pas plutôt des plumes métalliques et des feuilles de papier ? dit, toute rougissante, l'intéressée. Oui, oui, c'est ça ! tu épouseras un professeur, un clerc, un journaliste......

Dix ans plus tard, aux vacances, à la Forêt-Noire, vous rencontrez la pauvre fille. Elle est institutrice et depuis longtemps a coiffé sainte Catherine. Vous amenez la conversation sur cette nuit du 31 décembre : « Eh bien, la prophétie était vraie, vous répond-elle, mais je n'ai pas compris, voilà tout. C'était le signe de ma vocation..... » Au fond du cœur, elle espère toujours.

Une coutume bizarre existait autrefois dans la vieille Germanie païenne : la veille des noces, au soir, parents et amis de la fiancée se donnaient rendez-vous en face de sa demeure. Chacun apportait quelques morceaux de poterie, et, à un moment donné, tous ces fragments étaient lancés contre la porte. C'était alors un vacarme infernal ; on invoquait les dieux, jetant au vent des cris de conjuration, des injonctions véhémentes, des apostrophes haineuses. Ce charivari avait pour but de chasser de la maison les démons de la discorde afin que, le lendemain, l'épousée pût se rendre chez son mari accompagnée des esprits de la concorde, de l'harmonie et de la paix.

Cette vieille coutume existe encore dans les petites localités et à la campagne. Ce n'est plus une cérémonie superstitieuse (l'origine même en est oubliée aujourd'hui), mais le prélude d'une ripaille nommée *la soirée du chahut, Pöltera-bend*, où il est d'usage d'offrir les présents de noce.

Quoique le bris de la vaisselle ne soit plus accompagné de cris d'exorcisme, le vacarme, pour avoir lieu à l'intérieur, n'en est pas moins tumultueux et bruyant. Les cadeaux offerts sont, généralement, des objets de peu de valeur, mais toujours *solides*. L'un donne une douzaine de serviettes, l'autre un service de table ; celui-ci des couteaux, celui-là un meuble, un pain de sucre..... Après l'offrande des dons, on toaste, on chante, on danse, on récite des vers composés pour la cérémonie...

Dans la *haute volée*, on ne casse pas de vaisselle : la soirée seule a lieu. Nous ne voulons décrire plus longuement cette coutume étrange : car on y mange et l'on y boit toujours beaucoup... et nous avons promis de trier sur le volet.

Ces vieilles coutumes, jadis si nombreuses en Allemagne, disparaissent de jour en jour. Déjà dans les grandes villes elles n'existent plus. A la campagne même elles s'envieillissent. Le paysan est encore un gardien des antiques traditions, mais il y devient de moins en moins fidèle, de plus en plus indifférent. L'ancienne Germanie se meurt ! La bonne petite vieille d'autrefois, à figure souriante et ridée, n'a plus son pittoresque costume national. Lambeau par lambeau, on le lui a déchiré pour lui faire endosser l'uniforme du soldat. Il lui restait encore, avant 1870, son bonnet suranné de petite vieille : la Prusse le lui a arraché, et à la place a posé un casque. Voilà sa Germania !

Certes, l'architecte qui a construit l'édifice moderne allemand est un grand homme ; mais par fierté nationale, ne voulant pas sentir trop l'humiliation, nous le grandissons outre mesure. Bismarck est un colosse, non un titan ; et sa devise pourrait être parfois : *le hasard vaut le génie.*

De loin, cet édifice qu'il a bâti est formidable. C'est une haute et colossale tour crénelée qui, dominant l'Europe, semble inébranlable. Mais approchez plus près. Examinez une à une les pierres. Au nord, à l'est, à l'ouest, quelques-uns de ces moellons ont pour ciment du sang, déjà effrité et séché à certains endroits, en d'autres encore si humide qu'il faut des crochets de fer pour forcer le jointoiement... A distance, l'Europe n'aperçoit que les sentinelles qui veillent sur la plate-forme hérissée de canons. Elle n'entend ni les sourdes rébellions du prolétaire, ni les plaintes du bourgeois et de l'artisan qui, enfermés dans l'enceinte, ne peuvent sortir sans subir l'inspection du sergent, et seulement après un premier tour de garde. Mais le geôlier-architecte entend

sans cesse ces gémissements, voit tous les jours
ces souffrances, lorsque descendant de la plate-
forte, son piédestal, il parcourt les différents
étages de sa tour-caserne. S'il ferme les yeux, il
perçoit les coups sourds de la pioche du socialiste qui mine la cave. S'il se bouche les oreilles,
il aperçoit la pauvre paysanne qui, sans expé-
dients, accablée de charges et ne pouvant plus
joindre les deux bouts, enferme, en amulette
dans un léger baluchon, son dernier et unique
morceau de pain afin que son fils, devenu
là-bas libre citoyen de l'Amérique, n'ait pas le
mal du pays (1). Au-dessus, c'est le bourgeois
abattu qui compare sa prison d'aujourd'hui à la
maison bourgeoise d'autrefois. Son propriétaire
n'était alors qu'un petit prince, mais ses charges
envers lui étaient comparativement si minimes !
Et puis, au moins, la porte de la maison était
toujours grande ouverte. Chacun pouvait s'en
aller à toute heure, en négligé, les deux mains
dans les poches, rêver à ses chères études, ou
taquiner à la brasserie le député conservateur.

(1) Vieille coutume superstitieuse encore en usage
aujourd'hui, surtout au départ des conscrits. Le jeune
homme emporte un morceau de pain coupé à la miche
du dernier repas, et quand le cœur lui gonfle au régiment, il doit grignoter cette croûte, s'il veut que le mal
du pays lui passe.

Qu'il monte ou qu'il descende, le geôlier de fer, il a partout devant les yeux le même spectacle. Aussi le soir, alors que renfermé dans le silence du cabinet, les pieds appuyés sur ce plafond de plomb sous lequel l'Allemagne, assoupie, lui donne un instant d'haleine, deux apparitions viennent-elles hanter son esprit. L'une est couverte de haillons sanglants : c'est le spectre de la Guerre et de la Révolution. L'autre est une souriante jeune femme : l'Immortalité. Elle tient à la main une couronne sur laquelle sont écrits ces deux mots : *Désarmement! Paix!*

Pourtant le geôlier ne tend pas la tête. Là-bas, au flanc de la France, il aperçoit une tache noire : c'est la meurtrissure qu'ont laissée ses coups. Elle est encore si douloureuse qu'il n'ose y toucher du doigt... Quant au spectre, il le regarderait bien en face; mais peut-être que d'un coup de crosse le fantôme bicéphale lui enfoncerait jusqu'aux épaules sa couronne de lauriers et en ferait une lunette de guillotine.

Que fait donc l'architecte pour consolider son édifice ? Il y adosse des contreforts. Il y épaule l'Autriche et l'Italie. Alors, au-dessus de ce soubassement, le beffroi prussien devient un paratonnerre qui attire, mais brave l'orage...

La France aussi peine et souffre sous le poids de son armure ; mais son devoir est de ne l'enlever que la dernière, même si cette pesée de fer lui donne des suées de souffrance. Cette cuirasse est un appareil qui calme une blessure ; oh ! ne l'arrachons pas, il tient à la plaie !..... Non ! ne l'arrachons pas, mais levons la tête, et, sans arrogance, sans défi, fièrement, face à face, regardons l'Allemagne. Si la France n'a pas de couronne de lauriers flambants neufs, son front nu est limbé d'auréoles, ses pieds foulent une couronne de rois, un diadème d'empereur, elle peut bien fixer la Germania qui n'a qu'un casque !

Elle le peut, elle le doit, elle le fait ; mais elle veut la paix : car elle souffre et elle a besoin de repos ; elle chôme et elle a besoin de travail ; elle saigne et elle a besoin de fierté ! Prenons donc comme devise : Sursum corda ! au dédain, le mépris ; à l'orgueil, la fierté ! et, mettant notre conscience au-dessus de mesquines appréciations, faisons comprendre que le patriotisme se puise dans le cœur et dans le culte du devoir, non dans la haine d'une nation.

QUATRIÈME PARTIE

L'OUVRIER

I

Filiation du tempérament allemand. — L'invasion ouvrière.
A travers nos fautes.

Le bourgeois allemand est un être grossier ;
l'ouvrier un être brut. La filiation dans leurs appétits est naturelle, forcée. Cet homme que nous
venons de voir matériel dans le plaisir, sans tact
affiné dans la société, sans même le sentiment
conscient de la pudeur en public, ne peut avoir
comme précurseur que le bestial ouvrier déjà en-
trevu par nous à la brasserie et chez la fille publique. Entre ces deux hommes et le Français, la
civilisation a élevé une barrière infranchissable
pour longtemps encore, quoique le progrès y pratique tous les jours des claires-voies.

Mettez, non notre homme du monde, mais l'ouvrier français en contemplation devant une de ces scènes de familiarité publique entre amoureux. En voyant ces intimités de tête-à-tête, ces caresses, ces enlacements, étalés là, tranquillement, ingénument, dans une grosse joie déboutonnée, notre ouvrier, fût-il même un voyou, restera interdit. S'il se gausse ensuite, sa raillerie gouailleuse ne sera qu'un masque. En Allemagne personne ne fait attention à ces attouchements d'alcôve. Ces scènes sont journalières : vous en êtes témoin en tout lieu public.

Le Français qui se conduirait comme l'Allemand le fait chez une fille serait un vil éhonté : lui n'est qu'un goujat qui se laisse aller innocemment à sa nature grossière. La brute se déchaîne parce qu'elle est une brute : comme le carnivore mange de la viande parce qu'il est carnivore. Non seulement chez une fille, mais chez lui et partout, l'Allemand est un être matériel. Quand, le dimanche, il s'en va à la promenade, son but convoité est la mangeaille de *wurst*. Cet homme a les sens à fleur de peau : c'est encore l'homme-nature, à peine dégrossi, qui descend de l'homme des forêts. Il lui faut, avant tout, une table et un lit. Repu, il cuve placidement sa jouissance.

Aussi, chez l'ouvrier allemand ne rencontrez-vous que bien rarement les attributs délicats, affinés de l'homme civilisé. Il n'a pas la dignité de l'être égal de son semblable. Notre ouvrier, lui, au moins, est fier. Il ne veut être le laquais de personne, et croirait, avec raison, s'abaisser en se vêtant d'habits de seconde main. L'Allemand n'a pas cette fierté. Il aime mieux avoir chaud au ventre et se nipper chez le fripier. Dans presque toutes les villes de l'Empire, il y a un quartier de marchands juifs, à la fois fripiers et brocanteurs ; c'est là, dans ces bric-à-brac, que l'ouvrier se monte une garde-robe de défroques et de linge usagé. Le même sentiment le fera s'associer avec un ou deux de ses camarades pour louer une chambre en commun. Ces dortoirs-remugles sont très communs en Allemagne. Ce n'est pas par manque de ressources que l'ouvrier y couche : mais il sauve ainsi quelques sous pour la brasserie.

Voilà le bon Michel. C'est, nous l'avons dit, un goujat, non une crapule. C'est l'homme-nature dont les sens jouissent ingénument à découvert. Un tel être, patient, âpre, opiniâtre, régulier, grossier et sensuel, est fait pour les champs, pour être bête de somme. Aussi l'Allemagne reste-t-elle longtemps une nation d'agriculteurs. Il faut des immigrations de Hollandais, d'Italiens, de Français pour implanter dans ce pays de frelons l'industrie des abeilles de l'Europe occidentale.

Ces derniers essaims d'artisans français et italiens chassés par les persécutions religieuses, Frédéric le Grand les accueille avec enthousiasme. Peu à peu les arts et l'industrie prennent pied sur ces germes exotiques, d'abord dans les États prussiens, puis dans toute l'Allemagne, dont le commerce très restreint consiste, jusqu'alors, en échanges pendant la durée des grandes foires, ces marchés internationaux.

Mais la main-d'œuvre d'un tel peuple qui s'initie est forcément grossière. Entre les mains de ce rustre l'outil taille, sans façonner, comme une mécanique. Pendant longtemps les produits d'exportation allemande seront encore ceux d'un agriculteur, d'un maquignon, d'un mineur ou d'un carrier, non ceux d'un artisan. Joignez à ses vins, à ses chevaux, à ses métaux, à ses houilles, à ses pierres lithographiques, les produits de quelques industries locales : ses bibelots de la forêt de Thuringe, ses coucous de la Forêt-Noire, ses toiles solides, mais grossièrement ouvrées, enfin ses porcelaines de Saxe et vous aurez tout le stock des exportations de l'Allemagne jusqu'à ces dernières années.

Mais le progrès de ce siècle-vapeur a marché à

l'électricité. Les communications rapides ont presque détruit les barrières entre les peuples; les expositions universelles ont étalé les produits nationaux, dévoilant les secrets de la fabrication. A travers les claires-voies de la palissade mitoyenne l'Allemand aperçoit les richesses de la France, il fait son ballot et le voici chez nous. Et vous savez quelle est la persévérance de cet homme du Nord : au lieu d'une intelligence vivifique, c'est une vrille qu'il a dans la tête. Nous savons cela; mais notre insouciance nous le fait vite oublier. Il faut que la pointe de fer de la vrille allemande nous touche au cœur pour faire ouvrir nos yeux aveuglés depuis notre grand siècle-soleil par l'orgueil national.

Nos yeux, une fois grands ouverts, nous restons atterrés. Quoi! cette nation pauvre, sans mer, sans côte, sans colonie, et qui, au commencement de ce siècle, vivait précairement de son agriculture et de sa débile industrie, est parvenue à créer des institutions nationales supérieures à quelques-unes de celles de la France, ce pays riche, bien doué, admirablement situé! Quoi! cette force inerte, cet homme-machine, qui ne pouvait marcher que graissé de mangeaille, le voici aujourd'hui qui imite nos produits les plus élégants, copie nos fins tissus de soie, de laine, de velours; calque

nos articles les plus français, les plus parisiens!
Oui, c'est ce rustre, cet homme-machine! mais,
ne vous en souvenez-vous donc plus? cet homme
est régulier, méthodique, opiniâtre. Depuis plus
de soixante ans il nous épie, sa grosse tête carrée
patiemment fixe au-dessus de nos travaux. Quand
l'un a fini son apprentissage, quand sa large
main calleuse de manouvrier s'est assouplie, il
s'en va, et sur son chemin croise un compatriote
qui s'en vient. Et toujours ainsi! L'invasion des
bottiers, tailleurs, confiseurs, modistes, ébénistes,
parfumeurs, photographes, chapeliers, quincail-
liers, mécaniciens..... continue incessante. Aujourd'hui, c'est à un point tel que nous défions de
trouver dans *tout l'Empire d'Allemagne vingt
fournisseurs de cour* qui n'aient passé quelque
temps en France ou en Angleterre *pour se perfectionner* dans leur commerce.

Et nous, pendant que l'invasion montait, montait toujours, nous poursuivions une politique
d'expérience, d'aventure, de témérité. Aussi,
tandis que l'idée germait chez nous, chez nos voisins elle portait des fruits. L'Allemand laissait
faire, puis saisissant l'instant opportun, recueillait
l'expérience. Nous marquions les jalons de la route:
il la traçait. Dès lors, sans heurt, sans faux pas,
sans enthousiasme hystérique et toujours en ligne

droite, il marchait au but. Et nous, le peuple de la Révolution, le peuple du philosophe Rousseau, nous venons seulement d'obtenir nos écoles gratuites et obligatoires. Nous, le peuple militaire, nous n'avons *l'armée* que depuis quelques années. Nous, le peuple prolétaire à sa troisième république, nous n'avons encore *en province* ni la bonne bibliothèque populaire *cosmopolite*, ni l'hôtel des postes, ni le théâtre de valeur, ni la salle de concert de la petite ville d'Allemagne; nos chemins de fer, nos télégraphes, nos postes, sans confort, viennent en quatrième ou cinquième ordre en Europe (1); et notre impôt défectueux accable le pauvre.

Ah! c'est que, enorgueillis par notre gloire littéraire, enivrés par notre grande Révolution, grisés par notre prestige militaire, nous nous sommes toujours crus au temps de notre grand siècle, alors que la France, du haut de son piédestal, était l'étoile polaire de l'Europe. Elle oubliait, cette France généreuse, dans son ingénue vanité, que depuis le premier jusqu'au dernier jour de la guerre de Sept ans l'aristocratie prussienne s'acharnait contre elle; elle oubliait que,

(1) Cependant, depuis l'administration de M. Cochery, les Postes et les Télégraphes ont subi d'excellentes améliorations.

pendant sa grande Révolution, cette aristocratie
était la première à tâcher d'abattre la tête de Mé-
duse qui devait la pétrifier plus tard ; elle oubliait
que, quand l'aigle de son grand Napoléon, voulant monter trop haut et ne pouvant plus planer,
s'abîmait dans sa terrifiante chute, c'était encore
cette aristocratie prussienne qui déchirait avec le
plus d'acharnement l'aigle à l'agonie, et, comme
une meute de dogues, ne voulait lâcher la curée
qu'un lambeau dans la gueule.....

Enfin le repos vient pour cette France toujours
si grande quoique si meurtrie : il dure un instant
et elle oublie encore. Son orgueil national poursuit une politique de don Quichotte généreux et
sentimental jusqu'à ce que l'aigle napoléonien,
devenu un paon qui fait la roue, est de nouveau
déchiqueté par ces vautours du Nord.

1871 passe..... la pauvre France relève lentement la tête. Au siècle dernier n'a-t-elle pas
transfusé au monde entier la liberté, ce sang de ses
blessures ? En ce siècle-ci n'a-t-elle pas tendu la
main à son ennemie séculaire ? N'a-t-elle pas aidé
de ses armes et de son prestige une nation qui l'a
appelée sa sœur ? N'est-ce pas qu'elle rencontrera
bien quelques regards amis ? Non ! Comme si elle
était la paria de l'Europe, autour d'elle il n'y a que
solitude !.....

Cependant, elle a confiance en sa vitalité. Depuis son grand siècle elle est suprême en tout ce qui touche aux arts et à l'industrie, et sa ville-lumière ne peut mentir à sa devise. Il manque bien au vaisseau une boussole; mais qu'importe! Malgré son écartèlement, malgré l'isolement, malgré l'ingratitude, la France ne se sent pas terrassée, et de nouveau relève la tête. Devant Elle l'Allemand est encore là! Cette fois, ce n'est plus l'aristocrate hautain, mais le bourgeois rampant qui, trouvant ce beau pays un fruit à maturité, s'est insinué jusqu'à son cœur essayant d'en faire un squelette en le suçant.

Aujourd'hui cette succion incessante et continue est terrible et trop douloureuse : un fer rouge est nécessaire pour chasser à jamais notre ver rongeur et en cautériser la trace.

II

La question de la concurrence étrangère.

Nous venons de remonter aux sources de l'envahissement germanique ; nous allons maintenant puiser dans les causes mêmes un remède au mal. Parfois, nous dirons de dures vérités, mais si l'on veut guérir un mal, il faut que la plume, devenue un scalpel, fouille violemment et sans faiblesse. La réalité est nue pour qu'on l'admire ou qu'on la fustige.

Nous avons été vaincus par le maître d'école allemand, nous sommes envahis par le maître d'école allemand; ce sont deux vérités *incontestables :* nous allons le prouver. Nous nous relèverons et ferons reprendre leur place à notre commerce et à notre industrie le jour où, anéantissant la vieille tradition vermoulue de notre enseignement classique, nous donnerons à nos enfants l'instruction du siècle, c'est-à-dire : une instruction pratique, scientifique, historique, géographique, et surtout en faisant d'eux des *polyglottes.* Le Français, fier de sa langue diplomatique, est un casanier, un routinier : il reste stationnaire et il a été vaincu. Le Français polyglotte le relèvera. Nous allons le démontrer.

Comment la France est-elle représentée en Allemagne par nos diplomates? Pour eux, être loin de Paris c'est être en exil. En dehors du cercle très restreint de leurs connaissances, leur existence est nulle, et ils s'ennuient. Et comment ne s'ennuieraient-ils pas? Dans les réunions publiques, à la promenade, au théâtre, au concert, ce sont des sourds-muets qui ne comprennent même pas les gestes.

Enfermez dans cette tour de Babel l'homme le plus fin, le plus subtil, avec mission d'étudier les habitants. Quel sera son rapport ? Un tissu de racontars, de on-dit, de rumeurs recueillies par un subalterne ignorant et indifférent, ou bien interprétées par un ami mondain et polyglotte. Dans le premier cas le rapport est inexact et superficiel ; dans le second cas il est partial ; dans les deux cas il est futile.

Comment l'Allemagne est-elle représentée en France ? Ses ambassadeurs, ses consuls, ses agents parlent *tous* notre langue. Veulent-ils approfondir une question, connaître un événement, se rendre compte d'une mesure, ils puisent à la source même. Instant par instant ils nous épient ; pas à pas ils nous suivent. Rien ne leur échappe. C'est qu'ils observent, non avec les yeux et les oreilles des autres, mais avec l'œil et l'oreille du maître. Et ainsi ils comprennent jusqu'au sourire, jusqu'au ton : parce que l'homme entend la langue tout entière. Puis, dans le silence du cabinet, la plume calque dans un rapport-étude sérieux, *naturaliste*, pris sur le vif.

Voyons, maintenant, comment se comportent

à l'étranger les fils de nos négociants, ces futurs représentants de notre commerce et de notre industrie. Ce sont, généralement, des fils de commerçants aisés, presque tous fort jeunes : ils viennent du collége; et à la sortie du collége la vieille tradition française pour le fils du père riche et malthusien veut que jeunesse se passe. Aussi quelle vie oisive est la leur ! Ils sont là dix, douze quinze selon la ville, toujours ensemble, vivant ennuyeusement la vie de la rue et celle du café, ne fréquentant que l'endroit où l'on *parle français*, colportant partout leurs poses de gommeux ou leurs masques de sceptiques.

Après une année ou deux de cette existence, ils quittent l'Allemagne. Qu'ont-ils rapporté ? Les rudiments de la langue, quelques bribes de conversation vite oubliées, faute d'aliments, et, critiques vaniteux et superficiels, la prétention de tout juger et de tout connaître. Certes, il y a des exceptions ; mais malheureusement, nous le disons avec tristesse, ce type d'oisif est bien commun à l'étranger.

Que font ces mêmes représentants allemands en France ? En y arrivant tout fils de bourgeois ou de noble connaît déjà notre langue. Cependant, il se met aussitôt en quête d'une famille *française*, et, isolé de ses camarades, vit dans un milieu exclusivement *français*. Aussi, après quelques mois d'étude, parle-t-il notre langue avec aisance, et l'écrit-il sans gêne. De retour chez lui, croyez-vous qu'il oublie cette langue ? — jamais ! Sa résidence, fût-elle dans la plus petite ville de l'Allemagne, il se trouve dans ce trou un cabinet de lecture pourvu des meilleurs ouvrages allemands, *français, anglais, italiens*, et il en est le lecteur assidu. A son cercle, il parcourt *les journaux étrangers*, chez lui il est abonné à nos revues et feuilles spéciales. C'est ainsi que, sans cesse à même de connaître, de comprendre, d'apprécier, de comparer nos améliorations et nos procédés, il imite ou s'approprie nos produits quand il ne peut rivaliser avec nous.

Qui en France connaît l'Allemagne ? Quelques érudits, quelques écrivains, quelques rares négociants qui y ont séjourné à plusieurs reprises, peut-être quelques diplomates... Et puis ?... Personne.

Qui en Allemagne connaît la France ?

Son monde savant possède tous nos bons ouvrages d'érudition, de science, de littérature, de philosophie, etc...

Son haut commerce reçoit tout ce que publient notre commerce, notre industrie, notre finance.

Ses officiers distingués sont au courant de tout

ce qui traite de notre armée (1); un certain nombre d'entre eux, choisi parmi les polyglottes les plus capables, est envoyé chaque année en France pour y étudier notre pays (2).

Sa haute aristocratie et sa riche bourgeoisie parlent couramment notre langue; elles sont abonnées à nos journaux et jouent dans ses salons nos comédies et nos proverbes.

Sa bourgeoisie et sa petite noblesse nous lisent dans le texte ou en traduction.

Sa jeunesse (jeunes gens et jeunes filles) (3) conversent et lisent en français dans leurs réunions hebdomadaires.

(1) Tous les casinos militaires et même les casinos civils étaient pourvus pendant notre campagne de cartes et de plans du Tonkin. Nous avons suivi, nous-même, toute la campagnie de Tunisie sur un plan allemand dans un petit casino de l'Allemagne du Sud.

(2) L'empereur accorde à un officier intelligent, *sur sa demande*, le *privilége* d'aller en France ou dans d'autres pays pour y étudier l'administration militaire et se *perfectionner dans les langues*. L'officier ne reçoit aucune instruction particulière; il est laissé à sa propre initiative; mais il doit envoyer, de temps en temps, un rapport détaillé des observations et des remarques qu'il a faites. Ces officiers ne sont que les espions en propres termes.

(3) Presque tous les jeunes gens et les jeunes filles, une fois leurs études scolaires terminées, passent une année ou deux à l'étranger. Depuis la guerre, les jeunes filles vont généralement dans la Suisse française, soit dans un pensionnat ou une famille, et la plupart suivent les cours des écoles publiques.

Ses consulats sont autant d'agences admirablement renseignées.

Son théâtre traduit toutes nos pièces.

Sa librairie traduit et publie nos auteurs dans une proportion telle, que déjà en 1848 J. Janin avait douze versions et Eugène Sue vingt; et aujourd'hui elle vient d'éditer à grands frais de vieux auteurs français dont nous prenons à peine souci.

Enfin sa classe ouvrière a une légion d'artisans qui, d'apprentis *français* qu'ils étaient pendant quelques années, sont devenus aujourd'hui *patrons allemands*.

C'est ainsi que l'Allemagne nous suivant pas à pas, nous scrutant idée par idée, non seulement envahissait notre commerce et notre industrie, mais nous pillait de tous côtés. Dans ses arts, ses sciences exactes, sa conversation, son industrie, sa politique, son commerce, les expressions *françaises* pullulent en si grand nombre que si l'on essayait de les déraciner, la langue allemande usuelle, commerciale, scientifique et politique serait *incomplète*. Dans l'art militaire l'Allemagne a usurpé toute notre terminologie. Dans ses modes, qu'elle calque sur les nôtres, tous les termes sont français. Il n'est pas jusqu'à l'art culinaire où là encore tout soit français, depuis la manière d'accommoder un entremets jusqu'à la carte du menu.

La France peut tenir haut la tête. En quelque endroit qu'elle aille son génie rayonne régénérateur et bienfaisant. Partout elle se trouve chez elle avec sa langue, ses livres, ses modes, sa civilisation. Oui, nous pouvons être fiers, mais nous avons été trop orgueilleux. Nous nous sommes crus si élevés que, planant immobiles, nous n'apercevions pas le siècle qui marchait et nous devançait? Aujourd'hui la belle France de 48 n'est plus cette terre privilégiée et sans rivale qui d'un frisson venait de secouer toute l'Europe. Quelle était, en effet, à cette époque, la nation aussi favorisée que nous : unie dans sa race, dans sa constitution, dans ses mœurs, et dont le beau sol, tout d'une pièce au soleil, n'a ni une souillure ni un morcellement ?

L'Angleterre avait et a encore à son flanc un exutoire : l'Irlande; et là-bas, au delà des mers une charge jusqu'alors onéreuse : les Indes.

En Russie, à peine y mettiez-vous un pied que vous vous heurtiez déjà à une de ses tares : la Pologne.

L'Autriche n'avait et n'a pas de nationalité, ou plutôt elle en a de trop, mais la fusion entre

ces nations diverses est encore lointaine : car elles
sont de races distinctes.

La Prusse, vaste jeu de patience à pièces dis-
jointes, tâtonnait une constitution.

L'Italie n'était pas même embryonnaire.

Seule la France était constituée.

A présent la France est toujours la favorite de
la nature, mais elle n'est que l'enfant terrible de
l'Europe, et non plus son enfant gâté ! Qu'elle
continue ses frivolités diplomatiques, ses courses
aventureuses, ses expériences stériles, ses dilapi-
dations et elle tombera, cette fois écrasée par ces
nations devenues ses égales, presque toutes ses
ennemies, toutes ses rivales jalouses.

Mais c'est assez d'une fois que la verge de fer
qui a flagellé notre orgueil ait fait saigner en
même temps notre flanc. A la tête de la Patrie il
nous faut, désormais, non *telle* ou *telles* person-
nalités, mais l'incarnation même de l'amour
national ; et cet amour, vous qui avez l'honneur
de nous gouverner, ne le confondez plus avec la
vanité. La France ne vous demande pas une page
intime de votre existence : elle vous réclame une
page d'histoire. Nous n'avons que faire de vos
programmes personnels qui ne servent qu'à vous
contredire, qu'à vous chamailler. L'un enlève les
tambours, l'autre les redonne ; l'un essaie un

casque, l'autre une casquette. Chacun fait parler de soi; chacun veut attacher à son nom un grelot qui résonne dans les coulisses, mais bourdonne comme une mouche assourdissante aux oreilles de la Patrie. Eh! que nous importe que notre troupier ait un casque ou un képi! qu'il ait un tambour ou une trompette à la tête de son régiment! Comprenez donc que si le soldat est l'esclave de la Patrie, en ce siècle de liberté c'est un esclave sublime, et non un mannequin qu'on habille et qu'on déshabille pour essayer des vêtements, ni un gogo qu'on envoie tirer des marrons d'un feu meurtrier... Comprenez aussi que votre premier devoir est de vous occuper des intérêts matériels de la nation; si vous vous préoccupez ensuite de nos intérêts moraux et religieux soyez impartiaux : haïssez le fanatisme religieux, si vous le voulez, mais ne prêchez pas le fanatisme athée. Ne mutilez pas notre belle devise républicaine, cette devise qui devrait être votre idéal à vous législateurs de la France, de l'humanité.

Car pour vous la société c'est la loi.

Et la loi doit être la liberté.

Et la liberté est la justice.

La justice est l'égalité.

L'égalité est la fraternité.

La fraternité est l'humanité.

Voilà le programme qui relèvera moralement la Patrie. Suivez-le, et vous aurez le respect de tous, et la France sera toujours la grande Nation.

Quant à notre commerce et à notre industrie, nous ne parviendrons à leur rendre le sceptre qu'en agissant à l'égard des autres nations comme elles ont agi et agissent à notre égard : en les suivant pas à pas, épiant, comparant, améliorant, tirant profit de tout. Mais, pour atteindre ce but, il faut, nous le répétons, déchirer le programme sénile de notre enseignement classique. L'antiquité est un vaste champ ; mais épuisé, exploré en tous sens, il ne suffit plus aux besoins nouveaux du progrès. Élargissons donc le cercle étroit de notre instruction : aux langues mortes substituons les langues vivantes ; à la routine substituons le progrès.

Quel service l'instruction *internationale* rendrait à toutes les classes de notre société ! Au lieu de cette légion de représentants inutiles qui, se contentant de la considération sociale, trouvaient leur devoir moral un fardeau, leur existence un exil ; au lieu de ces hommes qui, lettrés en deçà du Rhin, ne savaient ni lire ni écrire au delà ; au lieu de ces sourds-muets-aveugles qui, après Sadowa, ne pouvaient même pas distinguer l'armée prussienne défilant devant eux ; au lieu de toutes ces nullités onéreuses nous aurions des ambassadeurs et des consuls à l'ambition saine, des agents actifs et clairvoyants qui, comme leurs collègues étrangers, nous feraient connaître à notre tour, travail par travail, progrès par progrès, idée par idée, ces nations rivales presque inconnues de nous. Car, parler plusieurs langues c'est voir avec plusieurs yeux, c'est sentir avec plusieurs âmes, c'est vivre doublement, triplement..... en Français et en assimilation.

Quel horizon nouveau, à perspective indéfinie, s'ouvre alors à notre monde commercial! Le négociant, pouvant désormais entrer de plain-pied chez ses rivaux, boucle sa valise, fait un somme et le voici surprenant les fraudes, découvrant des améliorations, des qualités, des défauts; étudiant tout, examinant tout avec l'œil du maître, ce microscope de l'intérêt.

Son fils, le flâneur que vous connaissez, ne perdrait plus une année ou deux en études stériles. Aussitôt ses classes terminées, lui aussi serait un agent actif; et avec son tact, son goût, son entregent commercial, il se créerait bien vite de nombreuses relations et de solides sympathies. Partout, il le verra alors, l'Allemand sera là, polyglotte et cosmopolite comme lui, mais au moins la lutte se fera à armes égales. Que l'Allemagne vienne, si elle le peut, planter son drapeau au-dessus de celui de la France! de cette France qui, régénérée française, chassant de son sol ses parasites, aura enfin des Français pour correspondants, secrétaires, professeurs de langues, interprètes, commis, etc...

Quant à notre homme du monde, s'il est aujourd'hui assez casanier, c'est qu'il ne peut être autrement. Dès qu'il met le pied à l'étranger il est dépaysé, isolé, sans attache aucune. En dehors de la société il a toujours besoin d'un interprète. Dans la société il ne peut se passer de condescendance : chacun doit avec lui abdiquer sa nationalité. Mais mettez cet homme à l'aise. Qu'il soit chez lui, non plus en forçant tout le monde à devenir français, mais en s'assimilant lui-même si subtilement aux autres que l'évolution, faite en un tour de langue, passe inaperçue. Croyez-vous que cet homme, ainsi assimilé, mais toujours lui, c'est-à-dire : enthousiaste, spontané, mobile, amant de l'aventure, assoiffé de succès, demeurera encore parqué dans sa capitale? Le soutenir serait ne plus compter avec notre vanité. Le Français sait trop bien qu'avec sa nature brillante, fine, entraînante, il sera partout le bienvenu. Il agira comme le négociant; bouclera sa valise, fera un somme et se réveillera *chez lui* : à Vienne, à Londres ou à Rome en pleine saison fashionable.

Que le chic vienne de faire le tour du monde, comme le bon ton le veut en Angleterre depuis le voyage du prince de Galles et celui de ses fils, vous verrez comme notre enthousiaste s'embarquera! Est-ce que cela ne vaudrait pas mieux que d'étioler une jeune vieillesse dans la monotonie de plaisirs malsains et ruineux ? Sans compter que nos gommeux anglo-maniaques, après comparaison sérieuse, nous reviendraient peut-être français !...

Mais il ne faut pas oublier que le Français est trop souvent fils de père malthusien ; qu'il n'a pas la persévérance de l'Allemand parce qu'il sait qu'il sera *héritier*, ou qu'il peut, tout au moins, puiser dans la bourse paternelle. L'Etat doit donc lui forcer la main, lui mâcher sa besogne. Sorti du collége, le jeune homme doit être un excellent polyglotte connaissant au moins *trois* langues vivantes *tout entières*, sinon il oubliera vite son bagage philosophique, comme il oublie les langues mortes en ne les baragouinant plus. Qu'à l'école, il parle donc *exclusivement à certains jours* une langue vivante étrangère balbutiée dès l'enfance en apprenant ses lettres ; que les excursions scolaires, devenues plus fréquentes, ne soient plus seulement une vision éphémère, mais un cours d'ethnographie pratique sous la direction de maîtres compétents et *nationaux* (1); enfin, que ces professeurs enseignent dans leur langue respective *la littérature, l'histoire et la géographie* de leur pays.

Qu'on n'objecte pas que l'application d'une telle méthode est hérissée de difficultés, que nous n'avons pas le don des langues, etc... Ces objections sont puériles. Les premiers efforts seuls sont pénibles. La connaissance d'une première langue étrangère demande au moins une année d'études continues et sérieuses dans le pays même; mais il ne faut plus que quelques mois pour comprendre, parler et écrire une seconde langue. L'appareil de la voix est assoupli; l'oreille rétive, tout d'abord, perçoit nettement les vocables les plus rapides, les plus fugitifs; la méthode, déjà une fois parcourue, se suit de nouveau sans effort; enfin, la mémoire, exercée, meublée de commémorations, retient avec aisance, aidée par la filiation des deux langues, leur origine, la simi-

(1) Pour qu'une telle méthode triglotte (français, allemand, anglais) porte ses fruits, des professeurs étrangers sont nécessaires au moins pendant quelques années, jusqu'à ce que nos professeurs des générations futures soient à même d'enseigner avec *élocution* et sans *aucun accent*. Et puis, ne sera-ce pas une œuvre de patriotisme que de faire appel à nos Alsaciens-Lorrains pour les rapatrier au milieu de nos enfants?

litude des mots. Voilà tout le secret des polyglottes russes, des philologues allemands dont
quelques-uns possèdent, outre le français, l'anglais, l'italien, qu'ils parlent et écrivent couramment, le grec, le latin et plusieurs langues
orientales.

La plupart des difficultés de début à vaincre
n'existent, cependant, que pour l'adolescent ou
l'homme fait qui a tout ou presque tout à acquérir. C'est pourquoi le Français, si peu persévé-
rant, si facilement découragé, ne possède que
rarement la connaissance parfaite d'une langue
étrangère. Il est envoyé à l'étranger en pleine
effervescence de jeunesse, après dix années de
captivité au collége. Allez lui demander à ce moment un travail opiniâtre, sérieux, continu! Il a
bien trop soif de liberté. S'il travaille c'est qu'il est
talonné par le besoin. Ne l'avez-vous pas élevé
jusqu'ici dans de la ouate ou entre quatre murs :
chez vous, ou au collége?... A qui la faute si
maintenant, sentant des plumes lui pousser, il
s'enfuit à tire-d'aile dans l'azur de la liberté inconnue? Entre deux envolées il reprend bien sa
plume et ses livres qu'il a jetés par-dessus les
moulins; mais le beau résultat qu'il obtient en
travaillant ainsi par boutades, à bâtons rompus !

Avec l'enseignement *vivant*, donné dès l'enfance,

tous ces obstacles s'aplanisent. Voyez le parallèle :
l'homme apprend des mots, l'enfant les emploie
seulement ; la conception de celui-là est réfléchie,
la conception de celui-ci est intuitive. En attendant, voyant, touchant, respirant, goûtant tous
les jours les mots devenus objets la conception
pénètre *intuitivement* dans l'intelligence de l'enfant par la vue, l'ouïe, l'odorat, le toucher, le
goût. Dans son cerveau, tout versatile et vacillant
qu'il est, l'image se calque, le terme se grave
indélébile. L'homme, pour obtenir le même
résultat, a besoin de méthode, de réflexion, de
mémoire ; l'enfant n'a qu'à jouer en babillant
avec ses camarades. L'appareil phonique de
l'homme fait, rompu trop longtemps aux mêmes
inflexions, est rebelle à toute ductilité nouvelle ;
nos cordes vocales restent toujours un peu rêches
en reproduisant des sons étrangers ; même, après
un long exercice de souplesse, elles dissonent
bien souvent encore. Chez l'enfant, au contraire,
cet appareil est presque vierge ; et il est si sen-
sible qu'il réfléchit toute vibration sans effort,
avec la plus nette pureté. Voilà l'homme et
voilà l'enfant. L'un est le citoyen d'un pays ;
l'autre, un germe humain qui peut se développer
partout dans l'univers.

Et bien, jetez dans cet admirable phonographe

humain les langues usuelles que vous voudrez, exploitez cette merveilleuse facilité d'intuition, et vous verrez si plus tard ce germe ne produit pas un citoyen de l'univers, et si ce n'est pas un non-sens de dire que le don des langues nous est refusé et qu'il est inné chez certains peuples seulement.

Que les latinistes et les hellénistes ne se récrient pas. Leurs récriminations sont tout aussi peu fondées que les objections du routinier sont puériles. L'enseignement polyglotte, loin de rayer les langues mortes de son programme, en facilite l'étude. Il résout ce problème, jusqu'ici insoluble : l'enseignement vivant des langues mortes. Pour atteindre ce but, il suffit de consacrer *(ad libitum)* les deux dernières années scolaires à la langue grecque et à la latine en faisant parcourir à l'élève la méthode vivante. Cette méthode, il l'aura parcourue tant de fois auparavant, qu'il la suivra une dernière fois avec l'aisance de l'habitude, maintenant surtout que l'enfant a fait place à un adolescent à l'intelligence entraînée, aux facultés disciplinées, à la mémoire meublée et vivace. La routine demande dix années pour parvenir à balbutier le grec et le latin, il faudra à peine deux ans au progrès pour parler et écrire couramment ces deux langues.

Complétons cette œuvre de renaissance intellectuelle par une régénération physique. Que l'internat au collége ne soit plus une captivité dans un pénitencier. Extirpons-en les vices par la vie en plein air. Coupons ces fortes études pratiques, scientifiques, historiques et géographiques de nombreuses récréations; créons des demi-congés et multiplions-les; encourageons les jeux, et, puisque nous n'en avons pas de nationaux, rapatrions notre vieux jeu de paume, ce divertissement si français et si sain. Tenons compte dans les examens de tous les exercices corporels : de la gymnastique, de l'équitation, de la natation, de la boxe et *surtout* de l'escrime. Il faut faire œuvre de rénovation complète, aussi bien physique que morale. Car, à quoi sert le progrès alors que le monde nouveau, malgré les efforts de ses veines gonflées de vapeur et d'électricité, ne peut faire craquer cette tunique de Nessus appelée la routine que le vieux monde disparu a attaché comme une lèpre autour du monde nouveau qui vient de naître ? Si chaque siècle a ses mœurs parce que le progrès est l'éducation qui s'améliore, les milieux qui se transforment, les besoins qui changent, pourquoi dans ce siècle industriel et scientifique recevons-nous la même éducation qu'il y a deux siècles ?

La France, pourtant, n'a pas forligné; mais elle sent que ses suées d'anémie l'affaiblissent de plus en plus, et elle nous crie qu'elle ne veut pas mourir, qu'elle est forte, vaillante, généreuse. Qu'à sa voix l'écho du passé ne réponde plus! Écoutons-la donc enfin! Regardons quand elle nous montre son emblème : le vaisseau de ses armes. Il ne peut sombrer, dit-on ; mais, à force d'être ballotté par les lames, fatigué par les houles, démâté par les bourrasques, il finit par avoir besoin d'atterrir, d'ancrer un instant pour prendre repos et réparer ses avaries. Il suffirait pour gagner le port que le pilote fût prudent non aventureux, pratique non expérimentateur, fier, non vaniteux ; qu'il essuyât sa boussole terne, et dirigeât le gouvernail avec constance toujours vers le même but. Mais que ce but soit un phare ; qu'il soit une lumière afin qu'on puisse distinguer les récifs d'alentour. Une grande nation n'a pas une destinée de hasard : elle doit en être la maîtresse en se la créant.

III

Le socialisme et le communisme

Ce que l'ouvrier allemand est à l'ouvrier français, le socialiste l'est au communiste. L'un, le

manouvrier, fixe sa grosse tête carrée au-dessus
de nos travaux, et peu à peu devient un artisan ;
l'autre soude entre ses deux mains cette enclume
humaine au-dessus d'une gazette, et, la tension
d'esprit y martelant sans cesse la pensée, l'homme-
nature devient une mule à appétits philosophiques.

Parcourez les principaux journaux socialistes
allemands, vous n'y rencontrerez pas une étincelle. Les articles sont longs, filandreux, souvent
philosophiques, parfois savants, presque toujours
gravement emphatiques. Pour lire de telles élucu-
brations il faut avoir le tempérament froid, énergique, déterminé de l'Allemand du nord, ou bien
la patience et la persévérance de l'Allemand du
sud.

Que vite notre ouvrier communiste jetterait de
côté une telle feuille ennuyeuse et pédante ! Il lui
faut, à lui, des flambées d'esprit ! Il demande
avant tout la lucidité. Il veut que les termes l'aident à penser. Si son journaliste est en pénurie
d'idées, il se contentera de rengaines, mais bien
dites ; de récriminations verbeuses, mais véhémentes ; de railleries stériles, mais gouailleuses.
Sa nature enthousiaste, à élants subits, se complaît dans le brillant : clinquant ou or, qu'importe ! pourvu que ça étincelle. Il lit vite, sans

s'appesantir, n'aimant pas la réflexion lente et
laborieuse. La vérité doit surgir en pétillant dans
un éclair : les endroits qu'il aperçoit ainsi, il les
voit lumineux, mais tout le reste est dans la
pénombre : car, d'un coup d'œil il ne saurait tout
embrasser. Aussi son œuvre avorte-t-elle presque
toujours au lieu d'être hier une utopie, aujour-
d'hui un paradoxe, demain une vérité.

Discutez avec un de nos communistes sur la
religion, par exemple. Il s'acharnera à détruire
un dogme, un canon, un décret. Il flétrira le célibat du prêtre *catholique*, retroussera sa robe et
tâchera de vous prouver qu'elle ne peut cacher
qu'un homme ou un hermaphrodite..... Ou bien
il tournera en ridicule la prière, les sacrements...,
En un mot il ne s'attaquera qu'à une religion
locale.

Avec le socialiste vous discutez, vous n'ergotez
plus. Ah ! par exemple, soyez patient, il a la réflexion lente et lourde et il est diffus en diable ;
mais, au moins, l'argument est serré sinon philosophique. Ce n'est pas telle ou telle religion qu'il
essaie d'anéantir, c'est l'essence même de la divinité. Résumons-le tout en l'écoutant : — *Il a
suffi qu'un homme en asservît un autre pour
que toute une génération, née dans la servitude,
perdît le souvenir de son origine et vît en ses*

tyrans des êtres d'une essence supérieure à la sienne : de là l'adoration, et le principe de la divinité.

Nous pourrions multiplier les exemples tant religieux que politiques ; à quoi bon ! Cet homme à qui nous prêtons cette pensée parce que nous savons qu'elle est dans l'esprit de sa doctrine n'est-il pas toujours le même ? Vous le reconnaissez bien maintenant ? C'est le petit-fils du luthérien, du philosophe, du matérialiste...

Désormais il faut compter avec cet opiniâtre. Le programme communiste, sans cesse changeant, mobile comme l'esprit français, ne sera jamais définitif : on ne stabilise pas un feu follet. Le programme socialiste, lentement, patiemment élaboré, se fixera un jour ; et, plus tard, sous ses efforts incessants, un cataclysme social terrible bouleversera l'Europe. Ce ne sera plus une œuvre de revendication ; ce sera une œuvre de destruction : car, fatalement, toute la lie nihiliste coudoiera l'héroïque illuminé athée dont le cœur rêve cet idéal grandiose, mais surnaturel : l'apogée, non plus de la civilisation, mais de l'humanité par la fusion des peuples, et en faisant de l'homme l'Être-Suprême qui n'a plus rien au-dessus de lui.

Pensé par la conscience, rêvé par le cœur, cet idéal est une sublime utopie. C'est le *progrès ré-*

compensant l'humanité devenue sage, forte, majeure, émancipée. Mais ici-bas, où rien n'est parfait, le progrès atteint son apogée en deçà de la Vérité. Au delà de cette limite c'est la zone de la décadence, zone torride qui fondra les ailes de cet Icare politique : le socialiste. Une législation nouvelle pourra réaliser partiellement son programme ; totalement, jamais : parce que les passions humaines sont immuables ; et RELIGION, PATRIE, PROPRIÉTÉ ne sont pas des mots, ce sont des sentiments. On peut un à un briser tous nos idéals divins et humains ; à peine sur ce monceau de ruines le socialiste, Être-Suprême, y aura-t-il trôné, que réapparaîtront la croix du prêtre (1), le drapeau du citoyen, la bourse du capitaliste.

(1) La croix ou tout autre symbole.

CINQUIÈME PARTIE

LE PAYSAN

———

I

Au soleil et dans la brume. — Dans la zone de l'ouest
et du nord. — Aux pays slaves.

Le ciel, tendu tout de bleu, semble étale. La
mer sommeille. Prenez garde..... vous allez marcher sur ce paresseux étendu en lézard sur le
sable. Il vient de manger son pain frotté d'ail, et,
mollement assoupi, fait sa sieste maintenant. Il
ne pense à rien; il a de l'azur dans la tête. Il lui
suffit que la lame caressante vienne, en clapo-
tant, ourler ses franges d'écume sur ses pieds
nus.....

Là-bas, au loin, détachées à cru au-dessus du
fil de l'eau, les balancelles de pêche, la voile
toute au vent, semblent autant d'hirondelles blan-

ches rasant la mer. En mouillant au port, elles ont chacune, les coquettes, une dernière ondulation de hanches ; puis on cargue leurs voiles, et la mer, cette nourrice berceuse, les endort dans le crépuscule en les dodelinant doucement.....

Pendant que le mousse cargue et amarre, le patron trie le poisson en chantant. Et écoutez ces couplets à plein gosier et tout ensoleillés comme son ciel, ce glorieux ciel qui, au cœur de l'hiver, permet aux aïeules du hameau de filer leur quenouille sur le pas de leur porte, et aux jeunes mères de travailler à l'aiguille tout en surveillant la marmaille qui s'ébat en plein vent.....

Où sommes-nous donc ?

— Sur les bords toujours jeunes du lac de Jouvence de la nature, sur le littoral de la Méditerranée. Mais ne nous y arrêtons pas. Traversons la France, la Belgique, la Hollande... Voici encore la mer, non plus le lac bleu du midi, mais l'océan brumeux du nord. Adieu la sieste au soleil et la chanson joyeuse. Que le frileux patron de la blanche balancelle ne vienne pas ici. Lui, si vif, si alerte, à passions qui moussent, y languirait trop vite ! Il n'aurait plus sa rue bourdonnante et ensoleillée, dans laquelle, pour vivre, il lui suffit d'une gousse d'ail et d'une fanfaronnade.

Ici les hommes sont calmes, aux mouvements lents, à la démarche lourde, aux traits durs, à la physionomie sérieuse, à l'œil morne. Leur poitrine est athlétique : il le faut pour braver du matin au soir la brume que le gin et le schnapps ne suffisent pas à combattre. Oh ! non, ces hommes-là n'ont pas dans les yeux et au cœur un rayon de notre soleil du midi. Ils ne seraient pas ainsi : défiants, durs, réservés, casaniers..... Observez-les après leur besogne, chacun rentre dans sa petite maison à un seul étage. Il n'en sortira que pour trimer sur la houle ou bien faire, le dimanche, sa partie de quilles à l'auberge. Quelques-uns ont un carré de jardin tout rempli de fleurs et d'arbres fruitiers. Aussitôt qu'ils ont un moment de répit, ils cultivent ce petit coin de terre. Voilà toute leur occupation.

N'est-ce pas une caractéristique frappante que ces habitations à un seul étage au nord de l'Allemagne, aux environs de Hambourg, de Brême, d'Emden, etc., tandis que, dans les autres régions du pays, l'Allemand n'habite qu'un étage, un appartement ? Et ces jardinets, toujours plantés de fleurs ou plutôt d'arbres fruitiers, ne trahissent-ils pas les habitudes casanières de ces hommes qui n'aiment, comme distraction au dehors, que la flânerie d'auberge ?

Nous avons décrit ces deux tableaux contrastes, non pour mettre uniquement deux races en parallèle, mais pour montrer à quel point le climat et le sol forcent les mœurs. *La nature fait l'homme.* La civilisation a beau croiser les races et les cosmopoliser, l'industrie et le progrès ont beau déformer la nature, jamais ce moule ne se brise : l'individu reste le même, pétri dans les difformités.

Quittons donc les côtes. Enfonçons-nous en pleine campagne ; en en examinant la topographie et le ciel, nous en déchapperons plus facilement sa moulure humaine : le paysan.

De la frontière de la Hollande jusqu'à l'Elbe, le sol est presque partout plan. Vous ne rencontrez que des bruyères, des sables, des marais, quelques-uns fertiles, la plupart tourbeux, et, çà et là, de vastes pâturages. L'eau de source fait défaut ; l'eau potable est peu abondante. Partout des stagnations ou des infiltrations d'eau salée, des rivières à courant trouble, d'un jaune mat et visqueux. Comme ciel, une voûte nébuleuse à rares et furtives éclaircies. D'un sol aussi ingrat on ne peut espérer qu'une végétation molle. Aussi les pâturages, seuls, sont-ils gras, abondants et tout peuplés de chevaux et de bestiaux. Ailleurs, les produits sont presque nuls ou

primitifs. Ce sont, dans les bruyères : le miel, la
cire, la laine ; dans les rares marais fertiles : un
peu de céréales, des fruits et des légumes.

Voilà le cadre. Maintenant quel est le tempérament de cet indigène qui n'est et ne peut être
qu'un agriculteur primitif, un apiculteur, un tis-
serand, un vacher ou un maquignon ?

Nous avons vu son frère, l'habitant des côtes
et des embouchures des fleuves. Lui, sans cesse
en lutte avec l'Océan, a le tempérament aguerri,
l'énergie trempée. Contraint d'être toujours ferme,
il devient dur. Mais, dans ses landes plates, monotones, le paysan n'a pas une montagne pour
aciérer ses nerfs. Il n'a ni à craindre les dangers
de la houle, ni à se garantir de la bise qui burine
les traits. Autour de lui tout est mollesse : atmosphère, sol et ciel. Que peut-il être sinon flegma-
tique et lourdaud. Mais il faut qu'il gagne son
pain ; et sur ce sol ingrat il doit suer pour acquérir
une bouchée. Il s'attelle donc, et toujours et dure-
ment il tire, en bête de somme harnachée à travers
le corps, mettant la même opiniâtreté caractéristique de cette autre bête de somme : le socialiste,
qui, lui, s'attelle par la tête, comme le bœuf.

Accouplée au paysan est sa femme qui porte
double bât : celui des champs et le collier de travail de la servante.

Avant d'entrer dans la maison de cette pauvre corvéable, examinons-la extérieurement. Allons sur le grand chemin à l'encontre des moissonneuses, des marchandes ambulantes, des lessiveuses. Si vous le voulez bien, faisons route avec cette enfant qui vient là-bas, les pieds nus, la tête lourdement surchargée d'une corbeille de linge humide. Le hasard nous est propice : c'est un beau brin de fille, le type de la beauté campagnarde allemande : cheveux blonds au ton d'épis mûrissants, teint clair, chair blanche greffée d'écarlate, yeux bleus, regard limpide, traits à la détrempe, mais réguliers, corsage charnel, hanches larges, pied massif à attaches lourdes posant d'aplomb à chaque enjambée régulière.....

Eh bien, maintenant, jetons les yeux autour de nous. N'est-ce pas toujours la même harmonie entre la nature et son produit humain ? Au ciel, à travers la grisaille, le soleil semble un œil morne de cyclope louchant derrière un voile. Sur la terre, la nature molle que vous connaissez. Le type humain idéal de ces climats ne peut être qu'un délicieux pastel à traits estompés.

Pour trouver un contraste à cette blonde enfant, il faut aller au contraste de la nature. Descendons encore au midi de la France ; asseyons-nous au bord de la route et regardons passer les jeunesses. Au nord, elles marchaient lourdes, à pas comptés; ici elles sautillent, toutes vives, toutes rieuses. L'œil de l'Allemande est un myosotis : il demande l'humidité d'une larme pour s'épanouir; ici l'œil est un mûron noir, luisant, mutin : il se glisse en coulisse et vous nargue. La blonde enfant a seize ans, et à peine est-elle femme; la brunette du midi n'en a peut-être pas quinze, et déjà c'est une fleur éclose de la veille.....

A vingt ans d'intervalle examinez de nouveau ces deux jeunes filles, devenues mères-couveuses. Chez la méridionale les traits sont encore nets, à arêtes vives, la chair est ferme, sans déforme. Chez la fille du nord la chair est flasque, à dépressions et boursouflures. La misère et la souffrance ont eu beau jeu à érailler cette morbidesse. Aujourd'hui vous ne reconnaissez plus cette douce tête d'adolescente tant les traits sont mâchonnés.

Dans le caractère, même contraste. La Française, vive, spontanée, a l'œil impérieux qui tient à distance l'audacieux, la tête chaude qui discute avec l'homme, et la main leste qui calotte les mioches. L'Allemande a l'œil timide qui permet les audaces, et la volonté indolente qui ne se rebelle jamais. Elle obéit, passive, trop heureuse quand elle n'a affaire qu'à un maître; mais que de fois c'est à une brute qu'elle est soumise!

La demeure se compose d'un rez-de-chaussée contenant, sous le même toit de tuiles ou de chaume, le domicile, l'étable et la grange.

De grossières mosaïques, faites de petits cailloux de rivière, en pavent généralement le seuil. La cuisine est la chambre à demeure, *la bonne chambre* comme le paysan l'appelle. Elle est propre, bien tenue, et au mur la batterie et la vaisselle étincellent écurées et symétriques. Une sorte d'armoire murale sert de chambre à coucher. Le lit n'est qu'un monceau de duvet. Il est très grand, souvent à baldaquin antique, et quelquefois placé si haut que, pour y monter ou en déjucher, il faut avoir recours à une petite échelle appropriée à cet usage. De vieilles draperies, des dentelles héréditaires, des coussins brodés recouvrent et ornent, pendant le jour, ce vaste monument de plumes, véritable échaudoir. Le soir venu, les courtes-pointes et les antiques enveloppes de parade sont soigneusement pliées et rangées. Ce sont des reliques de famille qu'on se lègue de génération en génération. Les draps sont inconnus. On couche à même la toile du matelas ou du lit de plumes. Au-dessus, en contact avec la nudité, un vaste édredon, nommé *plumeau*, tient lieu de drap supérieur, de couverture et de duvet. Il est vrai que presque toutes les paysannes couchent avec leurs bas et un jupon de tricot.....

Le *plumeau* n'existe pas seulement chez le paysan, mais aussi dans la bourgeoisie. Il est très rare que le minuscule lit des villes, ce supplice de Procuste que vous connaissez, ait plus d'un seul drap; assez souvent même il n'en a pas du tout; comme ici, on leur substitue une étroite bande de cotonnade plaquée et cousue à demeure sur le matelas. Étendez-vous sur cette couchette, couvrez-vous du plumeau, engaîné dans un fourreau de toile ou de cretonne presque toujours de couleur, — c'est moins salissant — et vous vous trouverez dans un lit allemand.

Voilà l'habitation du paysan du nord. Eh bien, ce rustre qui loge sous le même toit que ses bestiaux, qui y vit casanier, ne quittant les champs que pour manger, ne quittant la table que pour l'auberge, est l'ancêtre du noble. C'est le même homme, brutal et si fier que cette fierté est proverbiale en Allemagne. Jamais un paysan pauvre ou un *cadet* n'obtiendra la main de la fille du paysan riche ou *héritier*, quelles que soient les supplications et les prières, même quelle que soit la faute..... car il y a des castes à la campagne. Le droit d'aînesse existe encore chez le paysan de certaines parties de l'Allemagne (1). En *Westphalie, dans une portion du Hanovre*, dans la *haute Bavière*, le fils aîné hérite seul : ses frères et sœurs deviennent ses servants, ses domestiques. Dans quelques endroits de la Forêt-Noire, c'est le dernier des enfants mâles qui est l'héritier *unique* (2). Et ces mœurs sont si ancrées qu'il y a bien peu de rébellions. Quelques-uns émigrent, c'est tout.

Une législation nouvelle peut seule abolir ces coutumes féodales : sinon il faudra encore de longues années pour qu'elles disparaissent, à moins que leurs racines ne tombent délayées dans le sang d'une révolution...

Lorsqu'on traverse lentement l'Allemagne campagnarde, chevauchant à travers les plaines et les villages, l'assimilation nous fait revivre l'histoire du passé. Ne revoit-on pas dans ces paysans à préjugés étroits et nobiliaires, fiers avec leurs ser-

(1) La loi de droit d'aînesse est en vigueur en Prusse, en Bavière, en Saxe, dans la Hesse, etc., pour *quelques* familles de vieille et grande noblesse. On l'appelle *majorat*.

(2) Quand un jeune homme est en âge ou capable de gérer la fortune du père, il peut réclamer ce droit, et la propriété lui appartenant, les parents se trouvent chez leur fils. Pour que la ferme reste plus longtemps au père, on a décidé que ce serait le dernier garçon qui hériterait.

vants, mais rampants devant le maître, ces lourds et grossiers barons (*Freiherren*, hommes libres) qui rançonnaient les marchands sur les routes et faisaient ensuite ripaille avec le butin dans leurs juchoirs d'oiseaux de proie. Eux aussi étaient vains et orgueilleux, mais quels petits feudataires ils faisaient !

Montons encore plus au nord ; allons au Mecklembourg, dans la Poméranie, en Silésie (1). Là, l'assimilation devient inutile pour vivre la vie féodale. On la palpe avec les yeux. Le serf n'existe plus de fait, c'est vrai ; mais son père l'était, il l'a été, ses enfants l'étaient il y a quelques années, lui l'est toujours..... La terre ne peut être sa propriété. Elle appartient encore à ces grands seigneurs, les *Gütsbesitzer*, qui y viennent une fois ou deux l'an pour chasser et toucher leurs revenus.

Si vous voulez mesurer la distance qui sépare le paysan de ce maître ou de tout autre, rendez-vous le dimanche à l'église du village.

(1) On sait que les grands-ducs de Mecklembourg, dont la dynastie est la plus ancienne de l'Europe, s'intitulent Princes des Vandales, et que la population de ce pays, ainsi que celle du Brandebourg, est mi-partie slave et mi-partie germaine.

Le fond de la population de la Poméranie et de la Silésie est slave.

Écoutez le pasteur qui prêche. Il est tourné vers le banc des *seigneurs*. Quelles courbettes! quelle adulation! quelles plates flatteries!..... A la sortie de l'église, mêlons-nous à ces jeunes gars vigoureux, à ces vieillards minables, à ces femmes, à toute la moutonnaille serve qui stationne près du portail. Tous ont chapeau bas; tous ont la tête et l'échine courbées au niveau du marchepied de l'équipage de l'homme libre du *Freiherr*. Écoutons... L'homme libre condescend à parler à un paysan, à un autre homme. Non, on ne peut dire à un autre homme!... Celui qui est courbé est un eunuque de l'humanité. Mais il y a si longtemps que ses ancêtres ont subi la mutilation qu'il ne souffre plus : il est né castré!

Et qu'on ne nous traite pas de partial! Il y a à peine trente ans le serf mecklembourgeois ne pouvait se marier sans venir demander à son seigneur et maître la permission d'être homme; et, hier, il n'y a guère plus d'une vingtaine d'années, cet homme était encore un serf. Il ne peut en quelques années redresser son échine sur laquelle, depuis si longtemps, postérité après postérité, chaque noble a posé le pied. Il faut au moins attendre que la génération des castrés soit éteinte.

*
* *

Pénétrons, maintenant, en plein pays slave. Dans cette zone, ce n'est pas la féodalité qui nous fait monter l'indignation au front, c'est la pitié qui nous serre le cœur. Là-bas, à l'ouest, il y a une demeure, une femme, des enfants, quelque confort. Ici, en *Silésie*, sur *les frontières russes, en Masovie, dans le pays des Kassoubes et une partie de la province de Prusse, autrefois polonaise*, le paysan n'est qu'une pauvre brute. Pour lui l'amour est un prurit, la femme un bétail de plus, l'habitation une tanière, la famille un frai humain qui grouille au fond d'une cave.

Ah ! c'est qu'ici il fait bien froid, et, pour ne pas geler l'hiver, le pauvre corvéable a dû creuser la moitié de son bouge sous la terre. Cette misérable masure, bâtie en surplomb au-dessus, est sa hutte d'été.

Malgré les améliorations et les réformes dans l'agriculture, malgré les efforts des gouvernements, il existe encore en Prusse, dans les pays que nous venons de nommer, ces bouges-cahutes de sauvages et cette existence de brute.

Si vous traversez à pied, le sac au dos, ou bien lentement à cheval ces désolantes campagnes, la pitié vous prend ; elle vous serre à la poitrine, et

le mot ennemi, en parlant de ces hommes, vous
fait sourire. Pauvres brutes ! on les parque à présent ; auparavant on les schlaguait ; auparavant
encore on les castrait comme vous savez, et
avant tout cela c'étaient des hommes !... Alors,
oui, ils eussent pu être des ennemis. Maintenant,
ah ! dérision ! lui, notre ennemi, la brute slave !
Ubi bene, ibi patria, voilà sa devise. Nous ne
sommes plus avec l'ancêtre du noble, le fier
paysan de l'ouest et du centre, nous sommes chez
la race esclave !...

L'ennemi ! vous le connaissez. C'est celui qui
a enchaîné et castré cet homme ; c'est celui qui lui
a donné la schlague, celui qui le parque en trou-
peaux et essaie aujourd'hui de lui insuffler la haine.
C'est le noble, le *freiherr*, l'homme libre, le
soldat. Mais la haine ne peut être que de deux
sortes : ou bien c'est la fille posthume de l'amour.
Celle-ci la pauvre brute ne la soupçonne même
pas. L'autre est un amas de sang qui nous gonfle
et nous ballonne sans cesse le cœur jusqu'à ce
qu'il nous étouffe, ou que, pour ne plus souffrir,
nous le vomissions sur un ennemi. Mais cette
haine, on ne l'enseigne pas : c'est celle de la ven-
detta ! Et le serf d'hier sait-il seulement que ne
pas venger une injure c'est conserver un crachat
au cœur !

Race slave, race esclave, mais relève donc la tête qu'on voie dans tes yeux si tu as encore une âme !

Devant cette misère et cette servitude, comme l'on aime, comme l'on exalte la patrie ! Qu'elle est grande la France de la Révolution, malgré les crimes de sa Terreur. L'humanité est son piédestal : elle s'y dresse superbe et fière, sans aucune entrave et toute nue comme la Vérité : car, foulée en lambeaux à ses pieds, gît sa vieille robe de Déjanire, encore tout ensanglantée. Ah ! qu'à côté de notre gloire, dans l'autre plateau de la balance, pèse peu l'épée de fer du Brennus prussien !

II

Dans la zone du centre et du sud. — Quelques réflexions.

Quand vous abandonnez le nord, et qu'après un somme en chemin de fer vous vous réveillez à Cologne, vous êtes frappé du contraste, de la brusque transition. Vous avez encore empreint dans l'esprit l'aridité, la mollesse du sol, la misère, la féodalité, et soudain, à votre réveil, le Rhin, large, majestueux, surgit devant vous. On dirait l'Alphée balayant, tout à coup, les écuries d'Augias...

Mais ne nous attardons pas. Le paquebot

chauffe; il part, il est parti... Prenons place sur le pont en spectateur. Le coup d'œil en vaut la peine. Tout autour de nous, chacun est déjà à son poste, la lorgnette à l'œil, babillard, ravi, pris par les yeux. Sur les deux rives glisse rapide, comme sur deux rails, un panorama à magnifiques tableaux mouvants. Tantôt c'est un pastel, puis une grisaille, une enluminure... Voici des villages pittoresques, des sites riants, des collines abruptes, des coteaux de pampres ensoleillés, de vieilles ruines encrassées par la patine des siècles... Là-bas, au haut de la rampe, se dresse un château féodal admirablement restauré. Mais hâtez-vous d'admirer : le bateau file, file... le vieux castel est maintenant loin à l'arrière, vaporeux, fondu dans le flou de l'horizon. A l'avant un clocher d'abbaye se dessine, se détache de son estompe, se profile... Nous sommes en face de lui... Il est derrière nous... C'est le contour gracieux et pittoresque d'une île qui apparaît; c'est la façade blanche d'une fabrique... encore une abbaye, une ruine, un clocher, un enterrement dans un village; sur la route, un paysan ébahi qui nous regarde... Mayence! Mayence! les voyageurs pour Francfort...

Prenons le train, continuons aussi rapidement notre course vers le sud. La vieille cité catholique aux souvenirs sympathiques français est déjà loin de nous... Voici Francfort, l'ancienne capitale de la France orientale, le *petit Paris* de l'Allemagne de l'ouest... Darmstadt et ses châteaux princiers enchâssés dans les écrins de verdure de sa guirlande d'alentour... Heidelberg, surnommé la petite Suisse... Bade, ce pittoresque caravansérail mondain où se donnait rendez-vous tout le dessus du panier de l'Europe... Mais arrêtons-nous et mettons en parallèle les mœurs de ces deux régions : le nord de l'Allemagne, la zone du Rhin.

Au nord, la petite maison où l'homme vit comme le mollusque sous sa coquille. Ici l'étage de verre, la vie publique où l'homme se prodigue sans cesse, à tout propos : aux vendanges, au carnaval, aux fêtes, aux réunions. Au nord, le mutisme, le geste lent, le mouvement lourd, l'esprit caustique, les goûts *solides*. Ici, presque la volubilité, le geste rapide, l'esprit narquois plutôt que mordant et profond, l'amour du plaisir, le goût de la société. Au nord, la religion froide et philosophique de Luther, sans aucun interprète entre Dieu et la conscience. Pour divinité, la personnification de l'égoïsme religieux : l'homme-dieu qui, rigide sur sa croix, les yeux au ciel, oublie la terre et n'a même pas un regard de pitié pour la douleur humaine qui sanglote à ses pieds. Ici, en général, le culte de la Vierge, presque le culte câlin de la madone à qui l'on brûle des cierges, qu'on cajole avec des bibelots bénits, des brimborions de chapelle d'enfant, des images, des ex-voto, qu'on prie, sa médaille à la main, pour qu'elle devienne votre complice auprès de Dieu, relégué au second plan. Tel est l'homme du nord, et tel est le Ripuaire, celui qu'on nomme le *Français de l'Allemagne.*

Pénétrons maintenant à l'intérieur, chez le paysan du centre et du sud. Disons plutôt chez le faubourien.

Ici le paysan n'existe plus. En multipliant les communications rapides, l'industrie l'a métamorphosé. Pour le retrouver avec ses vieilles coutumes contemporaines du paganisme, ses pittoresques costumes locaux, ses naïves superstitions, il faut aller dans les montagnes ou dans les régions distantes de tout grand centre, et encore ! Seule, la vieille génération a conservé l'empreinte *sui generis* de la couleur locale. Dans la *Wetteravie*, dans quelques endroits de la *Forêt-Noire*, dans le *Jura Souabe*, dans les *quatre lands près d'Hambourg, dans le Hanovre, dans les environs de Kehl,* vous rencontrez bien, les jours solennels, aux fêtes, aux baptêmes, aux

enterrements, quelques jeunes gens et jeunes filles
en costume local; mais, en général, la jeunesse
préfère l'étoffe à confection qui habille en dame
ou en monsieur pour quelques francs. Les vieux
une fois morts, le coffre aux nippes héréditaires
restera fermé à tout jamais.

Entrons, à présent, dans une ferme. Voici
la bonne chambre. Ce n'est plus une cuisine,
mais un vrai salon, et les jeunes filles, les *demoiselles*, y font des manières... Elles sont en falbalas de ville. Elles connaissent tous les petits
potins d'alentour colportés par la *bontenfrau*
(messagère) qui fait leurs commissions, achète les
colifichets mondains, échange le roman au cabinet de lecture et la partition de musique à l'office
d'abonnement, etc.

La chambre est fort bien entretenue; il s'y
trouve un sofa, un véritable *sofa* de ville, une
commode, un poêle de fer à la place du monument traditionnel de terre ou de faïence que l'industrie fait, peu à peu, disparaître dans presque
toute l'Allemagne, sauf dans les pays boisés.

A notre abord toutes les jeunes filles se lèvent,
ânonnent un salut-révérence, et restent là, gauches, un sourire béat sur les lèvres pour contenance. Mais attendez...

— Comment, mesdemoiselles, vous savez le

français ? Voici un de nos bons romans.

— Oh ! drès beu.

Et ce drès beu est dit avec une telle intonation de feinte modestie que vous vous empressez de répondre :

— Mais vous n'avez pas du tout l'accent étranger, mademoiselle.

La glace est rompue. Chacune, souriante, affable, va vouloir montrer son talent de demoiselle...

Mais continuons notre route à l'aventure, à travers champs, jusqu'au plus proche village. Quelques-unes des maisons ont l'air très propret. La plupart ont des volets de couleur, de petits rideaux aux vitres, des pots de fleurs sur l'appui des fenêtres. Presque chaque habitation possède un petit jardin potager, planté de quelques arbres fruitiers ou de fleurs. L'écurie, l'étable, la grange et les auges ne sont plus sous le même toit, comme dans l'arche de Noé du nord, mais le long de la cour. Ces demeures sont composées, d'ordinaire, d'un rez-de-chaussée de deux pièces, d'une cuisine, et, quelquefois, d'un galetas-mansarde où couche la marmaille. L'armoire murale du nord est inconnue, ainsi que le grand lit à baldaquin antique. Cependant, nous remarquons quelques-uns de ces monuments de plumes, mais seulement dans la masure de deux ou trois vieilles gens.

*
* *

Dans la Forêt-Noire nous retrouvons l'arche
de Noé, ayant sous le même toit : grange, étable,
écurie, domicile. Mais ici l'arche a une construction et un aménagement extérieur et intérieur
tout différents. Les demeures de la Forêt-Noire
sont d'immenses chalets tout en bois, clair-semés
de ci, de là, à travers champs, ou bien au milieu
d'une prairie. Le toit, presque toujours en chaume,
ressemble à un gigantesque accent circonflexe
très évasé, dont le rebord formerait un auvent à
pente douce, mais fort saillant. C'est là, au-dessous de cet abri, que le paysan emmagasine ses
instruments aratoires, raccommode ses outils,
coupe et taille le bois. Sous ce toit se trouve le gre-
nier. On y charge et décharge les voitures à même,
grâce à une pente à pan incliné qui y conduit.
Voilà pour l'aspect extérieur.

A l'intérieur, les murs sont tout cloisonnés de
bois. Les chambres, fort basses, ont l'air de
vastes coffres plats. La chambre de famille, surtout, est souvent assez grande pour contenir une
vingtaine de personnes. Au plafond de cette pièce
est percée une ouverture se fermant en tabatière.
C'est la bouche de chaleur de l'étage supérieur.

L'hiver, on bourre de bois le monumental poêle de terre ou de faïence, on ouvre la tabatière, et, peu à peu, l'atmosphère se dégourdit et tiédit toute la maison. Le soir, on enfourne une autre falourde pour la nuit. Ce poêle chauffe la demeure comme une bassinoire chauffe un lit. Grâce à lui on ne grelotte jamais.

Nous étonnerons certainement bien des Français en disant que là encore, dans les campagnes *du centre et du sud* de l'Allemagne, nous sommes souvent devancés par le progrès. Telle est pourtant la vérité. La cause de cette infériorité réside dans notre système de centralisation. Paris est un phare admirable; mais, quelque puissants qu'en puissent être les rayons, ils ne peuvent embrasser toute la France. L'organisation administrative allemande est toute différente. Figurez-vous Paris brisé en miettes et éparpillé de çà de là, vous aurez l'Allemagne avec ses nombreuses petites capitales et ses grandes villes formées par chacun de ces morceaux lumineux. La lumière radieuse de la ville-phare éblouit. La clarté de ces petits cercles est douce, mais assez diffuse pour se répandre dans tout le périmètre d'alentour.

Nous venons de visiter une grande ferme; nous y avons admiré avec étonnement le confort, nous y avons parlé français, nous y avons entendu de bonne musique.

Si vous étiez venu avec les gars, un jour de vacances, vous auriez remarqué partout ordre et abondance : dans la vaste cour, dans les granges, les étables, le potager.... Sous le hangar ou dans la remise vous auriez aperçu des instruments aratoires perfectionnés, des machines qui, pendant la moisson et le battage, sont louées à la ronde aux paysans ou aux petits propriétaires moins privilégiés (1).

Vous pouvez rester quinze jours au village, vous ne vous y ennuierez pas. Si vous ne savez pas l'allemand, le magister et quelques gros bonnets vous parleront français. Si vous aimez l'étude, il y a une petite bibliothèque cosmopolite chez le maître et la maîtresse d'école. Si vous aimez la musique, il y a une société chorale, une fanfare et même un orchestre. Si vous aimez les exercices corporels, il y a une société de gymnastique. Si vous aimez la danse, eh bien ! vous pourrez vous en donner à cœur joie : on danse et l'on festoie au cabaret presque tous les dimanches.

(1) Il y a aussi des machines mises par l'État à la disposition des agriculteurs.

Ah! vous êtes étonné! Vous croyiez que ces gens étaient de pauvres malheureux qui ne mangeaient que du pain noir et des pommes de terre. Oui, ils mangent du pain noir, mais quand la ménagère revient du four communal, elle rapporte toujours du gâteau qui régale la marmaille pendant plusieurs jours. Oui, ils mangent des pommes de terre, et tous les jours, mais ils y joignent une bonne grosse soupe aux pois, au riz, aux haricots, à l'orge, etc., et, au moins deux ou trois fois la semaine, un excellent morceau de porc ou de bœuf. Au premier déjeuner ils prennent du café au lait; la soupe ne se mange le matin guère plus que dans les montagnes, les misérables contrées du Nord, et aussi dans la Forêt-Noire, dans les montagnes de Bavière, dans le Mecklembourg, etc. Le souper est le repas le plus frugal. Il consiste en laitages : babeurre, crème, lait caillé, soupe au lait, beurrées, fromages; ou bien c'est un peu de wurst et des pommes de terre.

Mais, nous direz-vous encore, ces hommes sont des brutes, des goujats; la civilisation ne les a pas dégrossis : ils couchent avec leurs fiancées (1), leurs femmes sont des servantes, presque des

---

(1) Cette coutume existe dans la Forêt-Noire.

bêtes de somme. Oui, ce sont des brutes, mais des brutes ingénues, et s'ils couchent avec leurs fiancées ils les épousent ensuite. Ils goinfrent; mais quel est l'homme des champs qui n'aime pas à s'empiffrer!... Le point essentiel c'est qu'il ait de quoi se bourrer le ventre, puisque, ensuite, il jouit, heureux et calme. Nous sommes chez l'homme-nature et non plus à la ville.

Enfin, objecterez-vous encore, il y a tous les jours en Allemagne des expatriations volontaires; on a vu des villages entiers émigrer, et, périodiquement, des tombereaux de paysans allemands se déchargent sur les vaisseaux en partance pour l'Amérique. Ah! quand donc nous assimilerons-nous aux autres peuples? Quand cesserons-nous, une bonne fois, de nous juger chez les autres en voulant juger les autres? La France, belle, prospère, à population fixe, une dans sa race, dans ses mœurs, dans sa liberté, dans sa consti- tution, dans sa religion, sourit de pitié en voyant passer ces charretées d'hommes. Mais que cha- que famille française ait une moyenne de cinq enfants, et la France, au lieu de sourire, réflé- chira..... Et peut-être, dans ces réflexions, trou- verons-nous un calmant à nos blessures!

Jetons les yeux sur cette population allemande si nombreuse et toujours croissante. Elle ressemble à un vaste troupeau à l'étroit dans son pacage, ou pris soudainement de peur : chacun se pousse; on se précipite les uns sur les autres; il faut une issue, sinon la plupart mourront écrasés. Eh bien! si nous, Français, peuple casanier, stationnaire, et jusqu'ici si peu colonisant, quoique colonisateur, ouvrions toute grande l'issue à ce troupeau humain en abandonnant une colonie... Ne ferions-nous pas œuvre de patriotes! Ce sacrifice demande une compensation... et peut-être pourrions-nous alors enlever, sinon en entier, au moins en partie, le crêpe de deuil qui assombrit, là-bas, la Patrie...

Ah! le sacrifice sera grand! Nos colonies nous ont coûté du sang et de l'or, et il faudra en céder une des plus belles. Mais l'Alsace et la Lorraine sont deux artères qui manquent au cœur de la France. L'hésitation est-elle possible? Et puis, voyez-vous, la France ne doit plus être jalouse de couronnes de lauriers. Elle est le foyer de la liberté et de l'humanité, elle doit porter une auréole!... La haine, nous l'avons définie; et nous la comprenons terrible, implacable, mais homme à homme, et non peuple à peuple. Cette haine collective, ce n'est que l'indignation ou la honte qui puisse l'insuffler au cœur d'une nation entière, et la France, le peuple de France, même vaincu, n'a pas à baisser la tête..... Allez! si jamais on lui fait monter le rouge au front, nous pourrons tendre notre drapeau à l'Alsace-Lorraine pour qu'elle en partage la hampe, même ayant la bataille!..... Restons donc tous soldats, mais pour veiller sur la Patrie pendant qu'elle se recueille ; car, croyez-nous, Elle a besoin de repos. Et puis il y a entre les nations, depuis ce siècle, deux grands liens solidaires : l'industrie et le commerce; et si l'on brise, ou si l'on néglige ces liens, les étincelles électriques qui les composent retombent, d'abord, sur les destructeurs ou les insouciants, et vont, ensuite, alimenter les usines des rivaux et des voisins. Nous en faisons aujourd'hui, la cruelle expérience. La mère-patrie, ce nid autrefois si chaud, si doux, si délicat, est, à présent, becqueté de tous les côtés par les oiseaux de passage; et chaque coup de bec fait voler son duvet au vent..... Il est grand temps de nous défendre, non plus à coups de griffes, ni en pépiant comme des moineaux, mais en nous serrant si pressés les uns contre les autres que l'étranger ne puisse plus fendre nos rangs. S'il veut nous envahir, qu'il vienne en planant au-dessus de nous, s'il le peut.

Allons! tous à la besogne : des idées et des actes; plus de vaines criailleries : de la dignité!

Qu'on ne dise plus que notre nid français ne contient que des linottes.....

Et plus tard, quand le vieux Guillaume et son chancelier seront couchés dans la tombe... plus tard, quand l'armure colosse de Moltke sera vide... quand l'exaltation de l'orgueil national sera tombée... quand la discipline ne suffira plus pour faire manœuvrer le soldat-automate.... ils comprendront que les armes d'un Achille sont endossées souvent par un Patrocle..... ils comprendront que le Rhin n'est pas le Styx, et qu'il ne suffit pas de s'y plonger sans cesse dans des chansons bachiques pour être invincibles... ils comprendront que leur Germania a beau se dresser debout devant le grand fleuve, elle n'est pas le géant Adamastor pour en barrer le passage... ils comprendront, surtout, qu'un champ clos ne peut contenir que deux hommes, que, lorsqu'il contient deux nations, c'est un abattoir, et que le sang qui y coule retombe sur la conscience des ministres et des rois, indélébile comme la tache de Macbeth... Ils comprendront tout cela, et le nœud gordien qui semble aujourd'hui si embrouillé qu'on parle de le trancher d'un coup d'épée, se dénouera avec aisance et pacifiquement.

III

Chez la vieille génération. — Conversation entre un vieux romantique et un paysan socialiste-philanthrope allemand.

Pendant notre séjour en Allemagne, nous avons fait la connaissance d'un vieux romantique, le docteur O.... Cet excellent vieillard, presque nonagénaire, est le type du vieil idéaliste, amant idolâtre de la nature. C'est, en outre, un savant modeste et un cœur simple. Fût-il né cinquante ans plus tard, il eût été certainement socialiste-philanthrope. Mais le docteur est plus âgé que son siècle, et il est resté antique. En lui se personnifie le vieux bon temps de l'Allemagne alors que, pour délassement, on lisait, en s'essuyant le coin de l'œil, une belle page de poésie, on herborisait dans la campagne, on *utopisait* à la brasserie. Aussi ne parlez pas au docteur de progrès, de civilisation, il vous répondra que tout cela est la bande noire du pittoresque. Mais comme le vieux romantique est aussi un grand cœur, il finit toujours par pardonner à l'industrie parce qu'elle préserve le peuple de la famine; et il admire notre grande révolution parce que, en émancipant le paria de la société, elle lui a créé le mot Patrie;

mot qui, dans sa bouche, n'avait été qu'une ironie jusqu'alors.

Avant de retourner au village pour assister aux fêtes champêtres et aux quelques vieilles coutumes traditionnelles qui y existent encore, comblons une lacune en présentant au lecteur la famille du docteur O... Ce paisible intérieur lui fera entrevoir l'existence patriarcale de la vieille Germanie disparue aujourd'hui.

La famille du docteur se compose de quatre générations : deux bisaïeuls, deux grands parents, une petite-fille et une arrière-petite-fille. Lui et sa femme sont les bisaïeuls ; une de ses filles et son mari sont les grands parents : Mme B..., jeune veuve et son enfant, la petite Lischen, forment la troisième et quatrième génération.

L'intérieur, vous le connaissez : c'est une salle à manger de petits bourgeois allemands. Nous ne le décrirons donc pas ; il vous ferait peut-être sourire ; et à quoi bon ? Un sourire de pitié blesserait ces braves gens ; un sourire ironique serait méchant....

Il est neuf heures : les deux bisaïeuls somnolent, assis près du poêle, l'un en face de l'autre. La grand'mère est au piano. Mme B... travaille au crochet près de la table, sous l'abat-jour de la lampe, jetant, entre deux aiguillées, un regard sur le griffonnage de Lischen qui barbouille du papier ; le grand-père et nous discutons, assis de l'autre côté de la table. Bientôt le piano cesse, Lischen vient se pelotonner sur les genoux de sa mère et s'y endort le pouce dans la bouche. Mme B... dépose sur la table son crochet et contemple avec une caresse dans les yeux son enfant endormie jusqu'à ce que, entendant nos voix qui s'élèvent, elle tourne la tête, et nous montrant du regard l'enfant, ajoute en sourdine : « Chut !... Lischen dort. » — « Mais il faut la coucher. Allons, allons, pas de faiblesse ! » répond aussitôt la voix grondeuse du grand-père.

Vous savez combien la femme allemande est passive. Mme B... ne répond rien, mais, doucement, elle secoue l'enfant, lui disant avec une câlinerie dans la voix : « Allons, il faut aller nous coucher, va dire bonsoir..... » Alors, l'arrière-petite-fille, l'aïeule, la grand'mère, la petite-fille viennent, tour à tour, tendre leur front au bisaïeul et au grand-père, puis vont se coucher (1).

(1) La famille du vieux docteur O... existe, et le tableau que nous venons d'en faire est en tous points exact ; mais la conversation qu'on va lire est une conversation que nous prêtons aux deux vieillards. Toutefois, nous n'avons pas la prétention, le moins du monde, de donner nos deux créations comme deux incarnations. Nous n'agissons ainsi que parce que cette forme litté-

Ce baiser a réveillé le vieux docteur qui, tout en sommeillant, nous écoutait les yeux mi-clos ; et de sa voix chevrotante et flûtée : « Ah ! Michel, tu as beau dire, tout s'en va : Dieu, la Patrie, la Poésie. Elles s'envolent une à une les vieilles coutumes campagnardes. Il y a bien encore à glaner, mais une gerbe serait difficile à faire..... Le conscrit part le cœur et les yeux pleins de larmes ; il revient le cœur vide et les yeux gouailleurs ; et ses frères cadets n'osent plus couper à la miche le talisman contre le mal du pays. Les filles des champs sont des demoiselles qui trouvent ridicule l'antique bonnet de leurs grand'mères. Les garçons..... tenez, monsieur, j'ai deux gendres, vous les connaissez ; tous les deux sont fils de paysans. L'un est professeur et socialiste. — Et d'un geste il nous montrait le grand-père Michel. — L'autre est journaliste et... socialiste. Ah ! votre progrès ! votre progrès ! »

Puis soudain, avec une véhémence juvénile :

— Votre progrès, c'est ce qui tuera l'Allemagne.

Et se tournant vers nous, car le grand-père,

raire nous semble moins aride que tout autre pour exposer les observations que nous mettons dans la bouche du vieux romantique et du socialiste Michel.

qui connaît le dada du vieux romantique, venait d'esquisser un sourire.

« Retenez bien ceci, ce qui tuera l'Allemagne est ce qui a fait sa puissance : c'est le maître d'école... Attendez seulement une trentaine d'années que le magister campagnard soit socialiste et que le paysan soit devenu entièrement faubourien..... »

Et le vieillard, fatigué par cette fougueuse sortie, s'affaisse au dos de son fauteuil, clôt à demi les yeux et murmure son refrain favori : « Tout s'en va !..... »

Mais, au bout d'un instant, interrompant son gendre qui riposte :

« Ah ! ton industrie ! ton industrie ! ton progrès ! tout cela est venu comme la mauvaise fée Carabosse faire des promesses à la vieille Germanie qui l'a crue, s'est laissé enjôler et a été aussitôt métamorphosée en jeune coquette, et, la métamorphose achevée, on l'a violée malgré ses cris. Et puis, dame ! comme toutes les jeunesses, une fois qu'elle eut mordu au plaisir, elle a voulu encore y goûter ; elle est devenue insatiable. Maintenant elle en veut encore, toujours ; et pour en avoir, elle se prostitue..... Ah ! la pauvre petite vieille que tout le monde aimait autrefois, qui la reconnaîtrait ? Non ! né me parlez plus de votre industrie ! Elle nivelle aussi bien une ruine d'art qu'un talus pour y faire passer son chemin de fer... Tenez, écoutez ce conte païen :

Une mère a perdu son enfant ; elle en est si triste et si malheureuse qu'elle pleure jour et nuit. Chaque soir, alors que le crépuscule voile les larmes, elle s'en va au jardin s'asseoir à la place où le cher petit jouait autrefois. Un jour que la pauvre mère, encore plus accablée que de coutume, rêve en pleurant, assise à cette place bénie, elle entend soudain un frou-frou d'ailes. Elle lève la tête et aperçoit devant elle un cortège d'ombres nébuleuses. Elle essuie ses yeux, et reconnaît la reine des morts suivie des mânes des enfants. Une souleur lui serre le cœur, vite elle essuie encore ses larmes..... Mais elle a beau mettre toute son âme dans ses regards et examiner une à une les ombres qui passent, elle ne voit pas son enfant. Et les larmes, refoulées un instant, tombent à torrent maintenant.....

Mais qu'y a-t-il au bout du jardin ? Une ombre toute petite, toute mignonne est là qui essaie, à coups d'ailes redoublés, de franchir la haie. Elle tient entre ses deux bras une cruche pleine d'eau qui déborde à chaque frisson d'ailes et à chaque effort. La mère croit reconnaître... Elle approche près, tout près... c'est son enfant !

— Mère, lui dit alors la petite ombre, ne pleure plus. Toutes les larmes que tu as versées pour moi les voici dans cette cruche, et c'est si lourd, vois-tu, que je ne peux pas suivre la reine. Et puis, tant que tu pleureras, je n'aurai pas de repos.

— Mon cher petit... Non... je...

Mais elle ne peut pas continuer, la pauvre mère, si elle ouvrait la bouche le sanglot partirait... Alors, elle détourne la tête, enferme dans son cœur le sanglot qui en montait, et jamais plus ne pleura.

Voilà de la simplicité, n'est-ce pas ? Et pourtant qui personnifierait mieux l'abnégation maternelle que cette mère refoulant au cœur ses larmes pour que son enfant ne souffre plus ? Lisez maintenant ce conte dans nos recueils, vous ne le reconnaîtrez pas, tant le christianisme l'a défiguré, comme presque toutes nos charmantes légendes, d'ailleurs. Eh bien ! il en est de ce conte comme de nos vieilles coutumes et de nos antiques traditions. Mais ce ne serait encore rien si le christianisme n'avait fait que les mutiler ; aujourd'hui, elles s'envolent une à une, anéanties ou ridiculisées par votre progrès, par votre industrie... Votre civilisation, c'est pour l'employé, le commis, l'officier sans fortune, c'est pour toute la petite bourgeoisie ne connaître que la fille publique, ou si une de ces jeunesses laisse parler son cœur, épouse la bien-aimée, c'est grouiller dans la misère... Votre civilisation, ce sont les viols, les infanticides, les vices monstrueux, l'imagination mystique, surchauffée, exaltée ; c'est la folie, le suicide. Que sais-je?... C'est pour quelques milliers qui jouissent par la tête, des millions qui souffrent par la tête, par le cœur et par le ventre, c'est-à-dire, triplement plus que le sauvage qui, lui, ne souffre que par les entrailles, par la faim. Voilà votre civilisation !

—Alors, vous niez l'amour?

Le vieillard leva la tête, ses yeux s'arrêtèrent une seconde sur notre regard interrogateur, semblant dire : Moi j'y crois, mais vous, jeunes gens, non !

Et un instant après, presque avec emportement :

— L'amour ! l'amour de votre civilisation ! Qui diable a dit qu'il était aveugle ? Mais c'est un malheureux halluciné qui prend une poupée pour une femme, la déshabille parce qu'elle est bien habillée, et puis... quelquefois il s'ensuit le produit d'un oubli... Voilà votre amour ! Ah mais ! il en existe un autre. Celui-là allez le demander aux peuplades nomades, à la mère qui allaite son enfant, à l'homme de cette femme, à son mâle si vous voulez, qui dorlote gauchement le petiot dans ses grosses pattes lorsqu'il est malade, et, pour remerciement, obtient une larme de sa femme, de sa femelle si vous voulez. Voilà l'amour !

— Tu as raison, répondit, après quelques instants de recueillement, le socialiste Michel, tu as raison, cher vieux, mais n'accuse pas le progrès, n'accuse que *notre* civilisation, cette bâtarde qui a pour mère avouée l'humanité, mais dont le père est la barbarie. Et si la liberté, la fraternité, continuent à n'être à la civilisation qu'une paternité putative, oui, ce sera le maître d'école qui brandira l'étendard de la Révolution. Autour de lui se grouperont, alors, paysans et ouvriers qui, *ayant lu l'histoire*, comprendront que l'histoire n'a été, jusqu'à maintenant, que la synthèse de l'ambition des rois et de leurs ministres, et jetteront à bas ces orgueilleux meneurs d'hommes. Voilà pourquoi nous, qu'on appelle utopistes, prévoyant la catastrophe, nous ne cesserons de crier : plus de rois, les peuples heureux n'ont pas d'histoire. Qu'on nous appelle utopistes, qu'importe ! On nous nomme bien sanguinaires, nous dont le but, couvé par le cœur, est d'empêcher l'effusion du sang. Car elle sera terrible la Révolution ! Le peuple se verra esclave dans ses ancêtres ; il se verra sous ses maîtres modernes chair à trous de mitraille. Et, croyez-vous qu'il ne brisera pas avec indignation la balance sociale dans laquelle, pour pencher égaux les deux plateaux, on jette d'un côté tant de kilogrammes de chair à canon, de l'autre tant d'orgueil ?... Et puis, le peuple n'est pas un historien; il confondra l'homme d'Etat consciencieux avec l'arlequin politique qui, vêtu, le côté droit de bleu, le côté gauche de rouge, se tourne, tour à tour, vers lui, cachant derrière son dos une latte... Rêveurs ! c'est bientôt dit. Nous n'en voyons pas moins avec netteté la vérité; et nous sommes de notre siècle, du siècle de la civilisation, du progrès. Mais nous voulons la civilisation sans bâtardise, et notre devise au progrès est : prospérité, avec ce sous-titre : *Dieu, Patrie, Poésie.*

Ah ! je le sais, beaucoup d'entre nous piétinent sur la croix ; mais parmi ceux-là il y a bien peu de convaincus ; les autres sont des fanfarons. Si vous voulez un criterium à l'athéisme de ces libres-penseurs, faites-leur poser la main sur la poitrine et prononcer ce serment à la barre du tribunal : « Devant les hommes, sur mon honneur et ma conscience, je jure [*croire*] ne pas croire en Dieu et dire toute la vérité... » Vous verrez alors leurs hésitations, leurs balbutiements... Car ce serment est terrible. Il faut être un honnête homme convaincu pour le prononcer

la tête haute. Eh bien ! parmi nous, il y a beaucoup de ces honnêtes gens dont l'intelligence
renie Dieu ou doute ; mais ceux-là jamais ils ne
prêcheront l'athéisme. Ils savent trop bien combien il faut de veilles profondes et réfléchies
pour arriver à la négation ou au doute. Et puis,
si pour eux l'initiative dans la volonté humaine
prouve l'inefficacité de la prière-interprète, ils
comprennent que la prière, comme l'étude, calme
les grandes douleurs humaines : celle-ci en ten-
dant, celle-là en détendant l'esprit. Et comme
ces hommes sont des philanthropes, non d'orgueilleux égoïstes, ils se disent que si leur intelligence a le temps de renier Dieu, l'ouvrier brisé
de fatigue, le misérable qui souffre, le faible
d'esprit, toute cette masse qui ne pense pas, n'a,
au lieu de l'étude, que la prière pour consolation.
Voilà pourquoi, ne pouvant rien donner en compensation, ils laissent Dieu aux malheureux... et
eux ne croient point ou doutent.

Il n'y a plus de patrie. Hélas ! tu as encore raison ; il n'y a plus de patrie ! Demandez ce que
c'est que la patrie au commis, à l'employé, au
négociant, à l'industriel ; demandez-le au soldat.
Le commis et l'employé vous présenteront des
factures de toutes les nations... Le négociant vous
étalera des échantillons de toutes les nations...

L'industriel vous montrera des produits de toutes les nations...

— Et le soldat ?

— Le soldat vous dira qu'il est resté trois ans à astiquer son fourniment, à se parquer avec d'autres hommes, habillés comme lui de noir et de bleu, mais que cela ne suffit pas pour devenir un guerrier et pour haïr celui à qui demain il coupera les cheveux comme coiffeur, il façonnera un vêtement comme tailleur, il essaiera des chaussures comme commis ; avec qui il correspondra comme négociant ; avec qui, homme du monde ou laquais, il sera affable et poli... Ah ! si ces hommes, dès leur jeunesse, avaient porté le harnais. Si ces hommes avaient pour passe-temps les jeux guerriers du moyen âge... mais votre civilisation est bâtarde ! Quand ils ont fait la barbe, coupé un vêtement, essayé une paire de chaussures, expédié leur correspondance, ils courent à des plaisirs efféminés ou hébétissants.

Eh bien ! nous, socialistes allemands, que vous traitez d'idéalistes, nous nous disons : « Les utopistes, c'est vous, vous qui avez brisé le cœur de la patrie en lui enlevant son armée de vieux soldats, de vétérans, pour accomplir et faire accomplir aux autres cette stupidité : *Armer la nation.* Car cette moutonnaille d'hommes finira par trouver par trop absurde que vous les habilliez de noir, de blanc ou de vert, que vous les traitiez comme des brutes et... que vous leur disiez ensuite : « Allez, marchez, voilà l'ennemi : là-bas, ces gens habillés de rouge et de bleu. Si vous êtes vaincus, vous couperez des culottes, vous essaierez des souliers, vous attellerez des charrues... comme auparavant. Si vous êtes vainqueurs, vous couperez des culottes, vous essaierez des souliers, vous attellerez des charrues... comme auparavant. Mais nous, nous serons orgueilleux ! Nous, nous sommes les plumes du paon : les balles glissent au travers ; vous, vous en êtes le corps, les balles le trouent ! »

Eh bien ! encore une fois, quels sont les sanguinaires et les barbares ?

Sont-ce ceux qui mutilent la civilisation en violant la liberté humaine ?

Sont-ce ceux qui arrachent les Polonais et les Alsaciens-Lorrains, malgré leur résistance et leur indignation, et leur bâillonnent ensuite la bouche pour ne pas entendre leurs cris ?

Sont-ce ceux qui nous écrasent de leurs budgets à soldats, et nous écœurent de leurs luttes fratricides ?

Ou bien, sont-ce ceux qui, proclamant l'homme suprême et sans entraves, lui laissent la liberté de choisir sa patrie? Ou bien sont-ce ceux qui vous crient à tue-tête : plus d'armées, vos luttes sont fratricides ; de la lumière et de la liberté : votre civilisation est bâtarde ?

En un mot, est-ce vous qui avez pour devise : après nous le déluge ; ou bien nous qui sur notre drapeau noir avons écrit : Humanité !

Tu dis qu'il n'y a plus de poésie, que le siècle se matérialise ; tu as encore raison. Mais cette dépravation et cette décadence sont également la faute de notre société qui demande au siècle matériel l'impôt du sang, c'est-à-dire l'impôt barbare et l'exploitation de l'orgueil, au lieu de lui réclamer l'impôt de l'argent, c'est-à-dire la charité forcée faite par le riche au pauvre, et l'exploitation du cœur. Charité qui ferait, peu à peu, disparaître, en haut, la jouissance égoïste, en bas, la haine envieuse ; et qui, équilibrant la pauvreté et la richesse en mettant d'un côté le surplus du riche, de l'autre la reconnaissance du pauvre, empêcherait la Révolution. Alors le luxe effréné et son cortège de vices s'évanouirait bientôt avec les grandes fortunes devenues non impossibles, mais moins rapides. En revanche, il y aura beaucoup de petites gens, et le bonheur sera dans la médiocrité... Le même bonheur que tu as connu autrefois quand l'Allemagne n'avait

pas d'histoire; quand l'Allemagne n'avait pas
d'armées; quand l'Allemagne n'avait pas de mil-
liards... Ce bonheur, c'est un baiser qui boit une
larme parce que ce n'est pas la bouche, mais le
cœur, qui en partage l'amertume... Ce bonheur,
c'est celui qui fait que la mère voit sans regret
s'enfuir les années qui grandissent ses enfants...
C'est celui qui fait qu'on est soi-même honteux en
faisant l'aumône à un pauvre honteux... C'est
celui qui bande les yeux de l'Amour et retire doucement le bandeau et le bâillon à l'Amitié... Ce
bonheur..., tiens, le voici dans ce bouquet de fleu-
rettes des champs cueillies par une main aimée et
que des baisers et peut-être des larmes ont flétries
prématurément. Le voici dans ce vieux bouquin,
usé à la page bénie. Le voici dans ce piano sur
lequel est encore ouverte la symphonie affection-
née. Il est, ce bonheur, partout où le cœur se
pose : dans un sourire, dans un baiser, dans un
souvenir, dans une pensée, dans une larme...
Mais cela est notre grand idéal; et, je le sais, jusqu'ici aucun de nos nombreux, trop nombreux
systèmes politiques n'a résolu cette question humaine. Les uns attentent à la liberté, les autres
ne sont que des ébauches, ou bien ils sont trop
puérils ou même ridicules. Mais, nous ne nous
découragerons pas; et si nous n'atteignons pas

13.

le but idéal, du moins nous y approcherons : car nous suivons tous le même guide : le cœur.

— Oui, le cœur est votre guide, et c'est pourquoi vous êtes des rêveurs, des romantiques politiques. Vous oubliez que le monde est gouverné par les sept péchés capitaux et que le législateur ne sera jamais un ange gardien. Et puis, combien êtes-vous qui pensez ainsi? Et qu'êtes-vous contre la force ? Des vers qu'un coup de talon écrasera.

— Non ! un coup de talon de botte ne nous écrasera pas. Nous ne sommes que des vers, c'est vrai, mais des vers luisants, et chaque fois qu'on nous jettera de l'ombre nous serons lumineux.

— Mais, mon pauvre Michel, à quoi servira-t-elle cette lumière ? Est-ce que l'amour ne prête pas son bandeau à l'homme qui juge son œuvre, cet homme fût-il un chancelier de fer ?

— Mais un chancelier, fût-il de fer, n'est pas immortel !

IV

Le christianisme et la mythologie païenne. — La fête du soleil au temps du paganisme; derniers vestiges de cette fête. — Le cortège du renouveau. — L'anneau des fiançailles. — La Saint-Nicolas. — La Kirmes. — Le jour des rois.

Nous avons dit que le christianisme avait mutilé la mythologie païenne. Nous verrons, plus loin, qu'il a défiguré à un point tel les traditions et les vieilles coutumes que toute poésie et tout charme en sont évaporés.

A première vue, cette mutilation et cette défloraison semblent étrange. Comment cette belle religion chrétienne, qui a enfanté de si grandes et de si sublimes œuvres, a-t-elle pu appiétrir dans un remaniement, tant de naïves traditions, tant de si charmantes légendes?

En passant rapidement au gros sas le christianisme, nous allons trouver la cause de ces apetissements.

Jetez les yeux sur une cathédrale gothique, ouvrez les Livres saints, la Bible, l'Évangile...Quelle sublimité, quelle poésie, quelles images, quels symboles! Les yeux sont pris d'extase; l'esprit ébloui s'exalte. Mais que la réflexion approfondisse, que l'intelligence égrène un à un les anneaux de l'histoire et notre cœur se serrera de tristesse.

Assimilons-nous. Nous sommes au moyen-âge, au temps de l'ignorance, de la superstition. L'humanité est recouchée au berceau. Autour d'elle l'Église amoncelle des ténèbres, et l'homme emmaillotté dans ses langes, ne se voyant pas grandir, se croit toujours petit... Son cerveau débile, vacillant, pris de peur dans cette obscurité, est hanté d'hallucinations douloureuses. Son imagination surexcitée, surchauffée, s'exalte : elle voit dans ses rêves des images, de grandioses images, au ciel, dans l'enfer... Alors, cet enfant débile monte sur le bûcher et n'en sent pas les flammes... Alors, cet enfant ignare, un pinceau, un ciseau à la main, traduit sa folie en images éblouissantes, en rêveries de pierres...

Peu à peu, les ténèbres se dissipent : l'enfant lève timidement la tête et rit de sa peur... La lumière vient, l'enfant se regarde : mais il est un homme ! L'indignation lui monte au front... La lumière rentre à flots : il se regarde encore. Quoi ! il a toujours des lisières ! Il prend un couteau et tranche ses liens... Enfin il n'y a plus de nuit : nous sommes à la fin du xixe siècle. Prenez garde, le peuple n'a pas déposé le couteau avec lequel il vient de couper ses entraves; et ce

couteau il le prend pour le glaive de la justice...
Prenez garde, vous n'avez pas fait attention aux
avertissements de Luther, et aujourd'hui le Christ
est détaché de sa croix de rédemption !...

Jetez à nouveau les yeux sur une cathédrale
gothique, ouvrez les livres saints, vos yeux et
votre esprit seront toujours éblouis en contemplant ces rêveries de pierre, en lisant ces subli-
mités ; mais, n'est-ce pas que votre cœur se serre
de tristesse ? N'est-ce pas que vous comprenez
la réaction matérialiste qui conspue l'Église et lui
crie : « Toutes les religions sont poétiques, toutes
sont pleines d'admirables symboles, de légendes,
parce que toutes ont exploité l'ignorance, la
peur, la superstition... et cette exaltation mystique vaut le génie! Mais toi, christianisme, tu
aurais dû comprendre que ton rôle était huma-
nitaire. Ce rôle, tu l'as méconnu. Au lieu de
faire de l'homme un être bon et viril, tu l'as laissé
emmaillotté dans les ténèbres. Comme les autres,
expie ta faute. »

Eh bien, supposons que le matérialiste attei-
gne son but : qu'il brise sur les épaules du prêtre
la croix chrétienne dépouillée de son Dieu.
Plus tard un autre dieu, un prophète naîtra... Il
est né. Les néophytes prêchent la religion nouvelle. Ils sont comme les premiers chrétiens ar-

dents, enthousiastes, fanatiques, et de leur cerveau en feu sortent, ainsi que de grandioses jets d'ébullition, les monuments de l'Église nouvelle (1).

Mais cela n'est pas suffisant. Il faut faire disparaître tout vestige de l'ancienne religion. Alors le prêtre remanie les Livres saints, la Bible, l'Évangile. Abâtardies ainsi, que seront les grandes œuvres chrétiennes magnifiques, à nos yeux aujourd'hui? Auprès des monuments de la nouvelle Église elles sembleront enfantées par des pygmées.

Comprenez-vous, maintenant, pourquoi la mythologie païenne, parfois si naïve, si charmante et si poétique, ne parle plus à l'imagination ni au cœur? Le christianisme l'a mutilé comme la religion nouvelle mutilerait le christianisme.

Les monuments de la religion païenne, de même que ceux de notre religion, étaient dus au feu sacré, et l'Eglise chrétienne a touché à ce feu, non plus avec son imagination brûlante et mys-

---

(1) Nous n'émettons ici qu'une hypothèse dont la réalisation est impossible. Les sciences exactes, l'industrie, l'amour du bien-être, la vie matérielle ont tué l'exaltation, la foi qui transporte les montagnes; et sans ces deux leviers toute religion mystique est impossible. La seule religion de l'avenir ne peut être qu'un schisme philosophique.

tique qui crée sublime, mais avec la froide passion de l'intérêt qui amoindrit. Ce remaniement, pareil à une douche glaciale, a éteint la flamme sainte.

Assimilons-nous de nouveau. Nous sommes au temps du paganisme; c'est le jour de la fête du soleil. L'astre est à son déclin. Sur les montagnes et les collines la multitude fourmille. Depuis plusieurs heures, jeunes et vieux, femmes et enfants, tout le peuple n'a cessé de gravir les rampes abruptes qui mènent aux sommets de ces montagnes.

Il va être soir. L'idole lentement quitte la terre, la face radieuse, épanouie. Sur les plateaux la foule allume maintenant des feux, vrais brasiers de cyclopes, dans lesquels elle jette d'énormes disques de bois. On se bouscule, on se bat. C'est à qui aura l'honneur de retirer du brasier l'image de son dieu... Enfin un heureux vainqueur enlève au bout de sa pique la roue flamboyante, et, la faisant tournoyer, la précipite jusqu'au pied de la montagne.

Et pendant que le disque roule à travers la pente, éclaboussant sa route de flammes et d'étincelles, le peuple en liesse, heureux de savoir son dieu dans l'épanouissement le jour de sa fête, entonne des chants d'amour, d'adoration, d'exaltation. Toutes les voix ont la même intonation d'allégresse, dans tous les yeux il y a la même flamme. Ah ! c'est que cette foule à milliers de corps n'a qu'une tête au cerveau débile, superstitieux, exalté ; et cette foule célèbre aujourd'hui la fête de son idole, de ce grand dieu indéniable dont aucun humain n'a jamais pu regarder en face la splendeur... le soleil.

Mais que soudain l'atmosphère se vide de noir, que la lumière s'éteigne sur la terre, pour apparaître là-haut dans des zigzags livides accompagnés de grondements terribles de colère ! Que l'orage déchaîné détrempe les feux de joie. Alors, profitant du flamboiement d'un éclair, regardez le troupeau humain pris de peur dans l'horreur du vide noir. Écoutez ses prières, ses vœux, ses chants, adressés au dieu courroucé. Ces chants, ces vœux, ces prières, c'est un peuple ignare qui les compose et pourtant ils sont magnifiques, plus magnifiques que les hosannas d'enthousiasme...

Où sont-ils ces hymnes d'allégresse ? Où sont-ils ces appels passionnés, ces vœux ardents, ces exaltations de la peur ?

Cependant, en dépit des siècles, la vieille coutume païenne existe encore en Allemagne. Vers la fin juin, dans la Forêt-Noire, dans le Wurtemberg, en Bavière, dans une partie de la Saxe, etc., de même qu'il y a deux mille ans, ces feux de joie s'allument au haut des montagnes. De même, la jeunesse s'assemble, et chacun, une perche à la main, lutte d'adresse pour piquer par le milieu les disques de bois flamboyants. De même on se chamaille, on crie, on se bouscule, on se bat jusqu'à ce que l'heureux vainqueur enlève au bout de sa pique l'emblème du soleil et le lance à travers les airs ou sur la pente de la montagne. Alors, de même encore qu'il y a deux mille ans, les chants éclatent pendant que la roue se consume égrenant sur sa route des éclaboussures de feu... Mais, écoutez ces chants :

> En l'honneur de qui tourne la roue ?
> — Pour le curé, le mari, le commissaire.
> Plus vite et plus loin elle vole,
> Plus de bonheur et d'honneur ils auront.

Ce couplet fini, on le recommence. Ou bien on entonne des chansons d'amour.

En France, Saint-Jean a usurpé le jour anniversaire du Dieu-lumière. Mais le feu de joie du pauvre saint dure à peine quinze minutes : les filles et les gars dansent une ronde alentour, et voilà la fête flambée.

La fête du printemps que le paysan célèbre encore en Allemagne, au renouveau de la nature, devait être, elle aussi, une grande et belle cérémonie païenne. Aujourd'hui il ne reste pour tout vestige que quelques strophes, des *rimes*, comme en Allemagne on appelle cette poésie, que la jeunesse chante en accompagnant en cortège une fillette enguirlandée de fleurs et de verdure.

*
* *

Parmi les symboles que le christianisme a empruntés au paganisme, il y a celui de la fidélité et de l'éternité : l'anneau. Image de l'attachement parce qu'il est le maillon d'une chaîne; image de l'éternité parce que ce maillon n'a ni commencement ni fin.

Autrefois les ancêtres germains portaient un anneau en signe de vœu. Le jeune guerrier, en se passant au doigt la bague de fer, faisait le serment solennel de tuer tel ou tel homme. S'il n'avait aucune vengeance personnelle à assouvir, il jurait de n'enlever ce symbole qu'après avoir été vainqueur d'un certain nombre d'ennemis. Et pendant des mois, des années quelquefois, l'anneau de fer, bien que passé au doigt, enserrait la conscience, lui rappelant sans cesse la parole sacrée.

Si aujourd'hui un de ces guerriers pouvait assister à un mariage catholique, il ne reconnaîtrait plus la vieille coutume tant elle est dégéné-

rée. Le moment est, cependant, solennel, le cérémonial imposant, et le serment terrible... il lie à
jamais deux êtres humains. Mais quoi! le prêtre
passe avec négligence l'anneau au doigt des
fiancés en marmottant quelques paroles inintelli-
gibles... C'est tout.

Toutefois, allez dans les montagnes, les campagnes éloignées de tout grand centre, et demandez à la paysanne catholique de retirer l'anneau
que le prêtre lui a mis au doigt. Jamais elle ne
consentira à cette *profanation,* même après un
parjure... Le culte du fétiche existe encore en Europe. Là où il y a des obstacles physiques, la lumière ne pénètre que lentement, et l'homme, encore dans les ténèbres comme au moyen âge, se
croit toujours petit...

Chez les protestants, ce n'est pas le prêtre qui
passe l'anneau au doigt des jeunes gens. Ils l'é-
changent mutuellement le jour des fiançailles.
Mais ce serment, qu'un baiser scelle, se délie
aussi par un baiser...

Dans quelques années les vieilles traditions
auront disparu en Allemagne. Avec Luther dé-
truisant le culte du fétiche, cette idolâtrie chrétienne, s'est évanoui peu à peu l'exaltation superstitieuse, cette exploitation de la peur. Plus tard,

avec le mysticisme, succombent la poésie et le sentimentalisme religieux. Aujourd'hui, au siècle matérialiste, il n'existera bientôt plus que des plaisirs, grossiers ou délicats, charnels ou cérébraux.

Les anciennes cérémonies solennelles de l'Église chrétienne sont-elles autre chose de nos jours que des réjouissances profanes ou des fêtes enfantines ? Nous allons décrire les fêtes religieuses qui se célèbrent encore dans les campagnes en Allemagne : le lecteur jugera.

Quant à nous, nous sommes de ceux qui regrettons la poésie et le charme des vieilles traditions; mais des deux mains nous applaudissons à leur disparition. C'étaient des ombres : la lumière du progrès les a fait évanouir, et à la place a mis de la clarté. A la société de fixer dans cette lumière quelque chose de beau et de grand !

*
* *

Traversez, le six décembre, entre chien et loup, un village ou une petite ville de l'Allemagne. Vous y rencontrerez, sûrement, une troupe d'enfants faisant cortège à un évêque de carnaval suivi de son valet. Ces deux personnages, généralement deux gamins de douze à dix-huit ans, sont saint Nicolas et son domestique *Ruprecht*.

Si vous le voulez bien, nous allons suivre le cortège en nous mêlant à la foule. Nous connaîtrons ainsi le mot de l'énigme ; et puis, nous aurons tout loisir pour examiner et voir juste.

L'enfance doit être étudiée à la dérobée... Si jamais l'anneau de Gygès fut nécessaire, c'est bien pour étudier la marmaille.

Regardez ce grand diable d'évêque avec son camail de calicot, sa croix pectorale en papier doré, sa barbe d'étoupe, sa crosse et sa mitre en carton. Quelle importance ! La tête est fièrement campée, le langage hautain, la main a de la majesté... Il joue, en vérité, son rôle. Il est évêque en vanité, comme un cabotin est roi sur les planches.

Mais voici les visites domiciliaires qui commencent. Saint Nicolas prépare ses friandises, et le valet son sac et ses verges...

Pan, pan :

— Qui est là ?

— Saint Nicolas et son valet avec des bonbons pour les bons enfants et des verges pour les méchants.

— Pan, pan, pan !

— Entrez, fait la mère, un sourire, un bon sourire maternel dans les yeux.

Maintenant, passons-nous vivement au doigt

l'anneau de Gygès; notre présence effaroucherait toute la marmaille et nous ne verrions plus l'humanité en miniature... Car cette marmaille, c'est l'humanité. Voyez là-bas ce marmouset que le valet du grand saint Nicolas semonce et menace de mettre dans son sac. Quels regards en dessous, sournois, louches sous ces mèches blondines et rebelles! Il a cinq ans, le bambin. Dans vingt ans que sera-t-il? Probablement le même, il n'aura pas changé de milieu. Mais il y a tant d'hommes dont les regards sont en dessous, sournois et louches, qu'il vaut mieux que vous et moi donnions notre langue aux chiens... Ah! si tous les masques tombaient, que d'honnêtes gens iraient au bagne!

Continuons notre examen. Voici ici un petit goulu qui mord à belles dents dans le pain d'épice que saint Nicolas vient de lui donner... Quel œil éveillé, fripon! Quelles joues poupardes et roses! Mais suivez les yeux de la mère qui couvent ce chérubin. Ah! c'est le Benjamin!... Cette mine de lutin, ces joues greffées de rose, ont fait commettre une injustice qui, dans vingt ans, coûtera bien des larmes à la mère. La faiblesse des parents engendre bien souvent l'amertume et la méchanceté chez leurs enfants devenus hommes. Mais alors il est trop tard pour acheter un paquet de verges au valet de saint Nicolas...

Nous nous arrêterions bien encore avec l'évêque et son valet dans quelques autres maisons villageoises, mais nous croyons être plus agréable au lecteur en nous rendant en Alsace-Lorraine. Là aussi l'on fête la Saint-Nicolas.

Cette fois, allons à la ville. Entrons ici, dans cette belle maison. Habitation et gens, tout est ce qu'il y a de plus français. Voici sur la cheminée une pendule... dans l'âtre il y a un bon feu pétillant; dans l'alcôve un grand lit à rideaux, sur le parquet un tapis... et là-bas une jeune maman et... une seule enfant ; une vraie petite gâtée. Ecoutez.

— Na! moi je le veux, na !

— Oui, ma chérie, tu l'auras, mais sois sage, allons, oui, je te le promets...

Pan, pan !

— Tu entends, voilà *Ruprecht* qui va te mettre dans son sac.

Ah ! maman-gâteau, vous avez beau dire, la petite espiègle sait à quoi s'en tenir et vous ne résisterez pas à sa gentille moue...

Pan, pan, pan !

— Entrez! Tiens, mignonne, voici des gâteaux... Oui va, prends, prends, mais tu seras bien sage, n'est-ce pas ?

Et vingt ans plus tard?

Vingt ans plus tard, Mlle Lili dit toujours : « Moi je le veux, na! » non plus à sa maman, mais à son mari.

Mlle Lili a toujours une chambre pleine de joujoux, mais ces joujoux sont des dentelles et des joyaux. Mlle Lili fait toujours sa petite moue. Mlle Lili était une petite capricieuse; Mlle Lili est une franche coquette...

Et dire, maman-gâteau, que votre enfant eût été une femme charmante, charmante, si vous aviez acheté un paquet de verges au valet de saint Nicolas...

Les flèches de l'amour maternel sont empoisonnées avec des larmes, chère lectrice, et le cœur d'une mère, d'une vraie mère est tout plein de trous volontaires qui pleurent. Mais plus tard que les baisers sont frais, et que vite ils cicatrisent les blessures faites par les coups de verges de toute espèce donnés à son enfant... sur son propre cœur !

Et saint Nicolas ?

Le voici. C'est ce grand diable, cette poussée d'asperge en savates et en vêtements trop courts et effilochés qui compte ses sous, assis sur le pas de la porte.

Et le valet?

C'est ce gros endormi qui tend la main pour partager la recette.

La plus grande fête de l'année au village est la fête patronale, *la Kermesse (Kirchweihe, Kirmes,* fête de la dédicace de l'église). C'est dans la belle saison, généralement en été ou en automne, que cette fête a lieu.

De même qu'à la Noël, il y a remue-ménage dans la demeure pendant les quelques jours précédents. On frotte, on lessive, on écure, on confectionne des monceaux de gâteaux qui, durant les deux jours de ripaille, seront le dessert de repas pantagruéliques.

La fête a toujours lieu un dimanche; elle commence vers deux heures, après l'office religieux. Allons y assister.

Voici la société chorale et la musique qui s'assemblent sur la place. Chacun est à son rang, attentif. Le chef d'orchestre bat la mesure : l'hymne national éclate; toute la troupe marque un instant le pas avec un mouvement de balancier... elle est en marche.

L'hymne national est, en Allemagne, le prélude de toute fête, de toute cérémonie, de tout grand acte. Avant la bataille, ce chant est un boute-selle. Après, ce sera toujours un glas, fût-il sonné par les trompettes de Jéricho.

14

Mais abandonnons la musique qui marche maintenant triomphalement à travers les rues, et rendons-nous à la principale auberge du village, le véritable théâtre de la fête.

Devant la porte on a planté un haut sapin au faîte duquel est suspendue une couronne de feuillage enguirlandée de rubans multicolores et de mouchoirs. Dans la salle de danse, la jeunesse s'en donne déjà à cœur joie. Çà et là, chevrotant une danse, quelques vieux couples, en costume du pays, font un étrange contraste avec les jeunes gens qui, le corps droit, la tête haute, les yeux dans les yeux de la fiancée, la bouche sérieuse, la main soudée par la moiteur à celle de la danseuse, le torse collé à son corsage, le genou en vedette, passent raides, impassibles, sans aucune ondulation de hanches, sans souplesse. Ils ne tournoient pas, ils ne voltigent pas, avec des ailes aux pieds, du feu dans les yeux, du sang bouillant aux veines. Non ! ils dansent comme ils manœuvrent, régulièrement, méthodiquement. Et, guidés par une cadence intuitive, qu'ils marquent lourdement avec le fer de leurs bottes, ils ne font jamais un faux pas.

Il y a à peine quelques années on célébrait à la *Kirmes* une singulière cérémonie. A l'issue de la fête, après le bal, les ripailles, les *soûlaisons* et les coups, on enrubannait une bouteille de vin et on l'enterrait ensuite avec grande pompe. La dive défunte restait une année en terre, puis à la fête suivante jeunes gens et jeunes filles en atours de fête, et formant deux groupes distincts, lui faisaient son exhumation avec le même cérémonial qui avait présidé aux funérailles.

Cette exhumation était le signal des réjouissances. Les jeunes gens se choisissaient alors un roi ou premier danseur, *Vortänzer*, honneur qu'on payait fort cher. Le roi choisissait à son tour une jeune fille ; puis, chacun venait prendre une danseuse dans le groupe. Et si, pendant la fête, un cavalier désirait faire un tour de danse avec une autre danseuse que la sienne, il devait en demander la permission au *cavalier-servant*.

Cette cérémonie n'existe plus aujourd'hui. Le gouvernement l'a proscrite nous ne savons pourquoi. Maintenant, après le bal de l'après-midi, on va s'empiffrer en un souper à la Gargantua ; puis on retourne danser et boire jusqu'au lendemain matin. Le lundi la fête se continue.

A l'Epiphanie, il existe encore dans les campagnes et les petites localités une coutume qui rappelle l'origine de cette fête. On fabrique avec du papier doré une immense étoile, figuration de l'étoile des rois mages, et trois jeunes gens, représentant ces trois rois, s'en vont en chantant quêter des présents de maison en maison.

Par contre, à la fête de la moisson, on danse, on chante et l'on ribote beaucoup, comme toujours, mais il n'existe plus aucun vestige de la religion païenne ou de la chrétienne.

SIXIÈME PARTIE

LA FEMME

I

Autour du berceau. — La nourrice. — Bébés français, bébés allemands. — Salles d'asile et jardins d'enfants. — L'école. — Professeurs et maîtresse d'école.

Nous allons prendre la femme à sa naissance et la suivre jusqu'à sa mort, mais nous ne nous arrêterons sur ce chemin que lorsque la halte sera nécessaire ou utile. Le berceau est scellé à la tombe par une larme qui, les jours d'éclaircies de bonheur, semble un rayonnement. A quoi bon examiner au microscope cette larme, étincelle ou goutte de fiel, si de cet examen on ne peut tirer aucun profit ?

L'Allemande ne nourrit presque jamais son enfant. Dès le berceau l'existence artificielle du siècle commence. Hélas! il en est de même en France. Et pourtant sous le sein de la mère, la nature a mis un cœur pour qu'une petite tête s'endorme au chaud contre cet oreiller...

Passons donc, vite, très vite, devant la chambre de l'accouchée et entrons dans celle de la nourrice.

Vous connaissez la demeure allemande, et ne vous attendez pas à un coquet et délicat écrin. Pendant neuf mois, le cœur a bien eu ses moments de rêveries, et l'on s'est quelquefois assise une tendresse dans les yeux et un petit tricot de laine à la main. Dans la layette maints mignons ouvrages faits au crochet ou à l'aiguille en attestent. Mais ces dames, au café-cancan, tiennent aussi à la main un petit bonnet ou une petite brassière...

Cette chambre est nue. Il s'y trouve un poêle, un lit, une cuvette, un pot à eau, quelques chaises et le berceau. Au milieu de cette froide pièce le frais berceau, coquettement enrubanné, fait le même effet qu'un pouf de satin dans un corps de garde...

Quel contraste entre cette chambre et la *nursery* anglaise si proprette, si confortable, si peu encombrée d'inutilités élégantes; mais munie d'ustensiles commodes, de meubles pratiques qui permettent à l'enfant d'avoir toujours de l'eau et de l'air. Quel contraste, surtout, avec le nid du bébé français ! Malheureusement, chez nous, ce nid est déjà une serre chaude où l'enfant poussera en sensitive, si douillettement entretenue, qu'elle s'étiole souvent à l'air. Mais quelle élégante harmonie dans chaque objet, depuis le moelleux tapis où l'on marche sur la pointe du pied, jusqu'aux rideaux qui tamisent câlinement la lumière !

Maintenant que nous connaissons la *kinderstube*, la chambre des enfants, jetons un coup d'œil sur la nounou.

Sept ou huit fois sur dix, la sollicitude maternelle fait choix d'une fille-mère, robuste et saine paysanne, accolée presque toujours à un soldat. Si vous vous rendez dans quelques jours à la cuisine ou à la *kinderstube* vous y verrez sûrement un gros balourd qui sent le bouc ou la caserne : c'est l'amant de nounou. Il vient présenter ingénument à madame un nouveau criterium vivant de la bonne constitution de sa future : le petit avant-dernier.

Ne croyez pas, cependant, qu'une fois cette présentation faite, le mâle recevra l'ordre formel de ne plus jamais reparaître. Le lendemain au jardin public ou à la promenade de la ville, vous retrouverez les deux fiancés badaudant tranquillement côte à côte. Que madame vienne à passer, l'amant n'éprouvera aucun des embarras de notre petit pioupiou surpris avec la payse. Il n'aura ni balbutiements, ni rougeurs, ni gauches et naïves excuses. Non, non, pas le moins du monde! Il n'y a pas de honte en Allemagne à avoir un amant. On s'est promis le mariage, n'est-ce pas honnête? En attendant on n'est pas de bois, tout le monde comprend ça.

Le bébé allemand n'est pas comme le nôtre : dorloté, choyé, mangé de caresses du matin au soir. L'Allemande n'a pas le tempérament à élans, à explosions de tendresse de la Française. Et puis, nous avons un, deux, trois enfants; et cette petite famille peut tenir tout entière dans le giron maternel. A la couvée allemande il faut nécessairement, au lieu de ce nid douillet, la *kinderstube*. Plus tard, quand les petites seront devenues de grandes filles à marier, la mère allemande acceptera avec résignation et dévouement l'humble rôle de Cendrillon...

Mais nous sommes auprès du berceau. Bébé change de teint... il fait ses dents... il balbutie... il clopine ses premiers pas... c'est une petite espiègle... La voici au jardin d'enfants.

Le jardin d'enfants est ce qui remplace aujourd'hui dans *toute l'Allemagne* nos crèches et nos salles d'asile. Ces excellents établissements ont donné jusqu'ici d'admirables résultats, et sont bien supérieurs, *à tous les points de vue*, à nos crèches et à nos salles d'asile. Faisons le parallèle : on jugera.

Entrons d'abord dans une de nos salles d'asile en l'absence de la maîtresse et avec notre bague de Gygès, bien entendu. A quoi bon examiner un mirage ?

Comme tout ce petit monde est en l'air ! Làbas, voici une mignonne brunette qui tire de sa poche sa poupée chérie... Ici c'est deux voisins qui se chicanent, se taquinent. Plus loin, trois bambins improvisent un jeu. La chambre est pleine de vacarme... Mais le pas de la maîtresse résonne. Vite chacune enjambe sa place ; les chuchotements cessent ; le lustre des yeux s'éteint. Quelques fous rires, mal contenus, éclatent... la surveillante lève ses gros yeux sévères... Plus de bruit. Tout le monde est silencieux... C'est que sans cela gare les punitions!

Pénétrons maintenant, également en l'absence de la maîtresse, dans un jardin d'enfants.

La salle est tout aussi tranquille que pendant la surveillance. Voici des fillettes qui calquent des fleurs ou en fabriquent avec des frisures de papier. Là-bas les bambins bâtissent des maisonnettes avec des carrés de bois, dessinent, ou bien forment des étoiles, des losanges, des triangles, etc... avec des planchettes coloriées. Vous ne remarquez aucun tumulte ; vous entendez fort peu de bruit.

Et pourtant l'enfance est la même dans tous les pays : elle est bruyante, espiègle, mutine. C'est que là, à la salle d'asile, l'amusement est un répit. Ici, au jardin d'enfants, le travail peut être continu, car il est toujours agréable : c'est une récréation perpétuelle. Pendant que les yeux sont fixés sur les jouets, que les doigts s'agitent avec prudence et lenteur, l'attention tout entière est prise, et les langues jacassent peu. D'ailleurs, qu'elles jacassent à leur aise ! ça leur est permis. Le jardin d'enfants n'est pas une école. Il ne s'y trouve ni encre, ni plumes, ni papier pour apprendre à lire ou à écrire. L'enfant y est considéré comme une plante qui a besoin de rosée pour alimenter sa sève, de tuteur pour se soutenir. Aussi, après les jeux que nous venons de voir, viennent le chant, la gymnastique, les récréations en plein air ; c'est-à-dire les supports de la plante. La rosée, la nourriture de l'intelligence, ce sont des exercices de mémoire qui vivifient les facultés, corrigent la prononciation, rendent la réflexion rapide, la conception nette. Écoutez la leçon :

— Qu'est-ce que c'est que ça ?

— Du papier.

— Qu'y a-t-il dessus ?

— Des dessins.

— Ils représentent quoi ?

— Des animaux.

— Comment appelle-t-on celui-ci ?

— Un cheval.

— Et ça ?

— Sa queue.

— Et ça ?

— Son nez.

— Non !

— ?? c'est... allons !... allons !... toi, Karl ?

— Sais pas, tante (1).

— On ne dis pas : sais pas.

— Je ne sais pas, tante.

— C'est... allons ?... les na... les nas ?...

— Zo ! zo ! zo ! les naseaux !

(1) Les enfants appellent la maîtresse tante et la tutoient. Une fois à l'école le tutoiement de l'élève cesse, mais les maîtres et les maîtresses continuent à tutoyer leurs élèves jusqu'à leur confirmation qui a lieu à quatorze ans généralement dans le peuple, à quinze ou à seize ans dans la bourgeoisie et l'aristocratie.

Après le cheval, on passera à la description détaillée d'un arbre, d'un oiseau, d'une maison, etc... En émettant le terme, l'élève touche du doigt l'objet sur le dessin, ou regarde l'endroit indiqué. Sa mémoire emmagasine ainsi une grande quantité de termes propres dont la conception est très nette ; et le jour où l'enfant sort de ce jardin pour entrer à l'école, ses facultés, disciplinées et assouplies, sont aptes à l'étude.

Maintenant, rendez-vous à une salle d'asile, présentez le dessin d'un cheval à un bambin de quatre ou cinq ans, et demandez-lui où se trouvent les naseaux, le sabot, etc. Montrez-lui un arbre et faites-vous montrer l'écorce, les feuilles, les boutons. Ou bien donnez-lui des fleurs communes et dites-lui de vous les nommer. Quelles seront ses réponses ? Il restera ahuri, bouche béante.

Mais, direz-vous, cette expérience est inutile, la méthode *Frœbel* (1) est vraiment excellente, et, certes, bien supérieure à la routine de nos salles d'asile. Pourquoi donc n'avons-nous pas déjà nos jardins d'enfants ?

Ah! qu'à côté de ce pourquoi il y en aurait d'autres à ajouter !

(1) Innovateur des jardins d'enfants.

Pauvre et grande nation mutilée, qui donc guérira ta cécité pour que tu puisses enfin voir et arracher de tes épaules le manteau d'Antisthène qu'on y a jeté !

A six ans, il faut aller à l'école ; et, bon gré mal gré, y rester pendant huit années.

En Allemagne, ce bureau-caserne où tout, hommes et choses, a sa place ou sa catégorie, l'école ne pouvait manquer d'être étiquetée.

En effet, le pauvre, le demi-pauvre, le riche chaque *catégorie* a son école. Il y a, en outre, le séminaire ou école normale des filles qui prend les élèves à la fin de leurs classes et les prépare pendant deux années aux examens *triglottes* subis en *allemand, français, anglais.*

Les jeunes filles munies de leur brevet peuvent être placées comme institutrices dans n'importe quelle partie de l'Allemagne (1) ; mais si elles cessent d'exercer le professorat pendant deux années, leur certificat devient nul. Aussi voit-on beaucoup de jeunes filles d'excellentes familles donner des leçons particulières pour ne pas recommencer leurs examens.

Le traitement des maîtresses peut monter jusqu'à

(1) Il y a quelques années à peine, pour obtenir une place en Prusse, il fallait passer un examen plus sévère.

1,800 marks (2,250 francs). Ce traitement est le même pour les maîtresses de la *Volskshule*, école populaire gratuite, et de la *mittel schule*, école moyenne. Il est quelque peu plus élevé pour les maîtresses de la *Höheretöchterschule*, école supérieure.

Les professeurs de ces deux premières écoles ne sont que maîtres élémentaires, c'est-à-dire sortant des séminaires (écoles normales). Ceux de l'école supérieure viennent des universités.

A l'école supérieure, le français et l'anglais sont obligatoires. A l'école moyenne on enseigne le français ; à l'école gratuite, seulement l'allemand ; mais dans toutes les trois le *dessin*, le *chant* et la *gymnastique*.

L'année scolaire commence à Pâques. On a trois semaines de congé en juillet (1); quinze jours en septembre (vers le vingt) ; une dizaine de jours à Noël ; et enfin il y a les vacances de Pâques (quinze jours) qui sont précédées des examens publics.

Pendant toute la saison chaude, de Pâques aux vacances d'automne, les classes ont lieu le

---

(1) Les vacances d'été (juillet) sont d'un mois pour la *Höheretöchtershule* et de trois semaines pour les deux autres écoles.

matin seulement, de sept heures ou de huit heures
à midi.

On a essayé, pendant quelque temps, de donner
les vacances en automne, comme en France;
mais les maîtres, aussi bien que les élèves, ont
préféré revenir à l'ancien système qui a été repris
en 1881 (1).

A notre avis, ce système est préférable au
nôtre. N'est-elle pas, en effet, bien lourde cette période de quatre mois de labeur continu : de Pâques aux vacances d'août? Quand juillet arrive,
chacun a fait un calendrier sur lequel il efface au
fur et à mesure. Encore vingt, dix-neuf, dix-
huit jours... Et l'on compte, et l'on recompte...
la dernière rature ne viendra-t-elle donc pas!
Ah! c'est qu'on est vraiment las. Et puis, il
fait parfois bien chaud! Malgré soi l'on som-
nole. Il faut les grandes compositions pour
fouetter l'amour-propre. Mais pendant que les
élèves piochent, le professeur s'essuie le front et
profite de son mouchoir pour bâiller par derrière...

En Allemagne l'élève n'a pas le temps d'être
pris par la lassitude. Il est resté deux mois sur les

(1) A Mayence, cependant, les vacances ont lieu comme
en France; et en Prusse le système dont nous venons de
parler diffère un peu.

bancs, et voici déjà les vacances de juillet. Et ce mois, le plus chaud de l'année, vous savez qu'on le passe en villégiature, dans l'ombre de la Forêt-Noire, ou bien en excursions : en Suisse, en France, etc.

A la rentrée, il y a bien encore des journées accablantes ; mais l'élève, laissé à son initiative, peut passer les heures chaudes de l'après-midi à paresser, et bûcher le soir dans la fraîcheur. Il n'est pas à l'attache. D'ailleurs, un mois et demi est bien vite écoulé ; et de nouveau voici des vacances — septembre.

Après ce congé, la grande période du travail commence, mais avec un joyeux répit au milieu, avec Noël et ses dix jours de gaieté.

On est alors en plein hiver. Entre les deux crépuscules le temps s'enfuit rapide. Et puis, il pleut, il neige, il fait froid. Sauf les journées de patinage, on reste volontiers à la maison. N'est-ce pas le vrai moment pour travailler, et cette période d'hiver n'est-elle pas mieux choisie que notre période d'été ? Bien qu'aussi longue, elle n'amène pas la lassitude, elle passe deux fois moins lourde.

Le printemps venu, on flânerait bien ; mais on a les examens de fin d'année à préparer. Allons, un dernier coup de collier pour avoir une bonne note qui décide les parents à accomplir le fameux voyage si souvent projeté !...

En vérité, ce système qui coupe, ainsi, de nombreuses récréations l'année scolaire, n'est-il pas préférable au nôtre qui conduit à la fatigue, même pendant les grandes vacances ?

Pour le riche seul ces longues vacances s'envolent légères. Il est toujours en fête : il chasse, il pêche, il va aux bains de mer... Mais il faut penser au pauvre, surtout au pauvre de la grande ville. Pendant le premier mois le farniente est plein de charme. On flâne pour flâner. Mais ensuite le temps pèse lourd, surtout au jeune homme qui ne peut s'occuper, comme la fillette, des soins du ménage. NOUS N'AVONS PAS EN FRANCE UN SEUL JEU NATIONAL. Le collégien en vacances est forcément confiné dans sa chambre. Il prend un livre, le feuillette, bâille et s'étiole (1)!

Il ne suffit pas de bâtir des écoles. Il faut ensuite ne pas perdre de temps à subtiliser sur des minuties comme les moines de Byzance...

L'élève allemand a pour ses maîtres et maîtresses un respect que le Français ne connaît presque plus et que l'Anglais méconnaît entièrement. En Allemagne, le maître est à l'élève ce que l'homme est à l'enfant.

(1) Nous traitons cette question à la fin de ce volume.

Quelle est la cause de cette déférence respectueuse d'un côté, de cette déconsidération de l'autre ?

Réside-t-elle dans l'autorité suprême de la maîtresse et du maître allemands ; autorité que l'un et l'autre conservent et exercent non seulement à l'école, mais en tout lieu ?

Non, ou plutôt la cause entière n'est pas là.

Les professeurs allemands seraient-ils supérieurs aux nôtres ?

Non. Nos professeurs sont tous des hommes de savoir ; beaucoup sont des savants, quelques-uns des hommes célèbres.

Pourquoi donc la carrière de professeur, et surtout celle de maître d'école sont-elles encore déprisées chez nous, et ont-elles été si longtemps ridiculisées et bafouées ?

C'est parce que chez nous l'internat existe, et qu'avec l'internat nous avons le pion, synonyme d'humilité et de ridicule. C'est qu'avec le pion nous avons l'écolier-pitre, dont l'orgueil consiste à faire de cet homme une pelote sensitive où sans cesse il enfonce de douloureuses épines. C'est que derrière l'écolier-pitre nous avons les camarades d'étude qui ne veulent pas être en reste de raillerie, de causticité, de coups d'épingles... Et ces camarades, c'est toute notre jeunesse française, ce sont nos enfants que nous, parents faibles, excusons avec cette phrase banale : « Mauvaise tête, mais bon cœur. »

Voilà pourquoi le respect du maître s'en va en France.

II

Dernières années d'école. — Premiers manèges de coquetterie. — Petites cours et petites gens. — Coquettes françaises et grandes dames allemandes. — Dans le ménage avec la mère. — Autour de la tombe.

A quatorze ou quinze ans, la confirmation sanctionne la puberté. Cette cérémonie n'est un acte religieux que pour la forme. Plus tard, on ne se souviendra pas de sa mystique candeur d'enfant, mais de sa première longue robe, du premier baiser donné à son premier bijou, du mot *mademoiselle* multiplié à dessein par les amies durant les visites faites après la cérémonie, de son gros bouquet qui donnait une contenance... Voilà ce qu'on n'oubliera jamais. Et, n'est-ce pas en vérité un grand jour celui qui sanctionne la femme ? Hier on était encore la petite Lischen que tout le monde tutoyait (1). Aujourd'hui on est une jeune fille qu'on regarde.

Cependant la fillette continue à aller à l'école ; mais l'horizon de son existence est bien élargi. Elle prend des leçons de danse, fait son entrée au casino. Et dans ces leçons, ces promenades, sur le chemin buissonneux de l'école, on commence déjà à lier de petites intrigues du cœur.

Jusqu'ici le soupir est franc. Deux, trois, six mois passent. L'enfant d'hier ne connaît pas encore les manèges de la coquetterie dans toute leur rouerie savante, mais elle en a déjà l'intuition. Plus d'un billet a été échangé, plus d'un baiser a été volé, plus d'un rendu...

Seize, dix-sept ans arrivent. On quitte l'école. On est alors tout à fait jeune fille. On achève son apprentissage de ménagère par des leçons de couture et de cuisine, sans toutefois négliger son instruction qu'on complète en allant passer une ou deux années à l'étranger. Les relations amicales continuent entre amies de pension. On se réunit par groupe de quatre, cinq, six, deux ou trois fois par semaine, tantôt chez l'une, tantôt chez l'autre, à tour de rôle, pour lire les auteurs allemands, parler anglais, français, faire de la

(1) Dans la bourgeoisie les domestiques même tutoient les enfants jusqu'à leur confirmation.

musique, jouer des pièces de comédie dont les rôles d'hommes sont souvent tenus par des jeunes gens.

Sous le rapport de l'étendue et de la variété des connaissances, l'éducation allemande est supérieure à celle de nos filles. Cependant, on se tromperait fort si, voulant se figurer la physionomie de ces réunions — en dehors des cercles littéraires — on se représentait cette jeunesse causant de choses sérieuses. Ces jeunes Allemandes dont l'éducation est souvent complète, et qui, presque toutes, ont appris les arts d'agrément, ont déjà une conversation de commères.

Maintenant l'enfant est loin... D'ailleurs, de l'enfance à la puberté, il n'y a aucune brusque transition. La gamine, qui s'est toujours rendue seule à l'école, a profité de l'expérience de ses aînées.

Pendant l'été elle se décollète maintenant, même pour la promenade de l'après-midi (1). Depuis longtemps elle est initiée à tous les mystères de la nature... Elle n'a jamais connu cette candeur d'enfant rougissant des surprises de la femme, et ne sera jamais cette pensionnaire qui exalte son imagination par les enfantillages poétiques de son cœur de seize ans.

(1) Cette coutume est générale en Allemagne.

15.

La poésie chez l'Allemande dure l'espace d'une évaporation : pendant les toutes premières amourettes. Sa bête noire, la vieille fille, la hante aussitôt sortie de l'école. Pour chasser le spectre, elle essaie, elle escarmouche, elle expertise, elle tire gain de tout : de ses talents, de sa liberté d'action, de son intuition féminine, de ses amies, de leurs connaissances. Deux ou trois échecs ne la rebuteront pas. Elle masquera ses avances, flattera vos goûts, devinera vos inclinations, trouvera votre côté faible. Vous aimez les enfants ? à toutes occasions elle couvrira les bébés de caresses. Hier vous avez vanté un gâteau de ménagère ; demain, au café, elle vous servira le même gâteau fait de ses mains. Vous adorez telle symphonie ; elle vous la jouera à la perfection à votre prochaine visite... En un mot elle fera tant et si bien qu'elle atteindra son but : elle se fiancera... sans dot.

La confirmation est attendue avec une anxiété encore plus grande par la jeune fille de la riche bourgeoisie, et surtout par la noble. C'est que non seulement cette cérémonie sanctionne la femme, mais de ce jour va dater l'entrée dans le monde ; et, à la première occasion, la noble sera présentée à la cour. Et pensez donc, on n'est plus Lischen tout court, ni même mademoiselle comme la petite bourgeoise, mais, mademoiselle la baronne ou mademoiselle la conseillère ! Car, en Allemagne, la hiérarchie nobiliaire n'existe pas. Le père est-il baron, comte, conseiller, n'importe quoi, toute la maisonnée, la *herrs-chaft*, la mère, les frères, les sœurs seront respectivement baron ou baronne, comte ou comtesse, conseiller ou conseillère (1), etc., etc.

Et la fillette qui, hier, était encore tutoyée par tout le monde, ne sentirait pas un petit frisson de voluptueux orgueil en s'entendant appeler aujourd'hui mademoiselle la baronne gros comme le bras ! Ce serait à désespérer de la vanité...

La présentation à la cour est, peut-être, pour la jeune fille noble, l'acte le plus émotionnant de la vie. Non que cette cérémonie soit imposante ou solennelle ; elle est fort simple, au contraire, vous la connaissez : c'est celle que nous avons décrite. Mais on approche le souverain. Si la reine ou la grande-duchesse allait lui adresser la parole... Si les princesses allaient faire d'elle leur amie... l'émotion l'empoigne, rien que d'y son-

---

(1) Il y a même encore dans le royaume de Saxe des terres nommées *Rittergüter* (biens nobles) dont l'acquisition confère le titre qui y est attaché.

ger, seulette, dans la fiévreuse anxiété de l'insomnie de la veille...

Vous souriez et vous nous taxez d'exagération. Rien, pourtant, n'est moins exagéré.

Pour comprendre, et surtout pour s'assimiler à de telles impressions, qui ne sont que des mouvements de mesquin orgueil, il faut avoir vécu dans une petite capitale d'Allemagne au milieu de l'entourage du souverain.

Figurez-vous une ville de province avec un roi, un grand-duc ou un prince autour duquel rampe toute une population de mendiants de titres, de croix, de dignités, de places honorifiques. Au premier rang du cercle se tient la vieille noblesse à préjugés féodaux, pleine de morgue, dédaigneuse, mécontente, cancanière, et qui sans cesse érigée en mentor, critique avec acerbité les actes du prince, surtout quand ces actes sont des faveurs accordées aux anoblis de la veille, aux parvenus, aux *nouveaux cuits*, *neugebackene* ([pains] tout chauds.) Derrière les blasons vermoulus, ces nouveaux cuits; puis les financiers anoblis, plats comme une pièce de cent sous, assoiffés de titres, d'alliances nobiliaires, de décorations, de tout ce qui décrasse une caque de harengs, et, en dépit de leurs écus, puant encore tellement à plein nez qu'ils suffoquent généralement leurs gendres...

Ce n'est pas tout. La savonnette à vilains blanchit messieurs les boutiquiers après fortune faite. Moyennant un léger service et quelques courbettes, la métamorphose s'achève... M. et Mme Grosjean, ex-boucher, ex-bouchère, M. et Mme Martin, ex-épicier, ex-épicière, deviennent M. le conseiller privé, Mme la conseillère privée, M. le conseiller intime, Mme la conseillère intime, etc., etc., etc...

Et la fille de ces savonnés antiques ou modernes ne s'enorgueillirait pas de recevoir de la main de sa souveraine une tapette sur la joue et d'être appelée ma chère enfant. Mais pensez donc ! Toutes les bonnes amies du cercle pesteront d'envie, et ce sera le sujet des conversations pendant une semaine.

Durant notre séjour en Allemagne, que de fois avons-nous été témoin de ces dédains, de ces colères, de ces dépits, de ces regrets ! C'était un prince qui jetait le mouchoir ; c'était une souveraine qui changeait de favorite ; c'était l'oncle, le frère, le neveu, le cousin du roi, du grand-duc, du prince qui se mésalliait. Que de vétilles ! que de vétilles ! Et dire que ces historiettes cancanières occupent toute l'Allemagne aristocratique, aussi bien à Berlin que dans les petites capitales...

et que nous, Français, sommes le peuple le plus léger du monde !...

Il nous serait bien facile de soulever des voiles qui n'ont été ou ne sont souvent que des gazes... Mais cela nous répugne. Nous dirons seulement à la grande dame allemande de ne pas jeter si souvent la pierre à nos mondaines.. Personne n'est dupe. Chacun sait bien qu'elle ramasse ces pierres dans son propre jardin et que c'est une manière de s'en débarrasser que de les rejeter ensuite chez nous...

Puisque nous parlons de pécheresses mondaines, entre-bâillons la porte d'un boudoir allemand et aussi celle d'un boudoir français, non pour moraliser, encore moins pour fureter dans l'alcôve : tout simplement pour mettre en parallèle deux tempéraments.

Pénétrons, d'abord, chez notre coquette. Elle a cherché à s'étourdir, mais la vanité mondaine n'a été pour elle ni un frein, ni un refuge. Elle a bâillé... et refermant la bouche, elle vient de *Le* remarquer. Étonnée plutôt qu'émue, elle a répondu à son regard par une furtive nuance de sympathie. *Lui*, tout roué qu'il est, a pris ce regard pour une promesse... Mais que nenni ! Elle n'est qu'au haut de la pente, et encore !...

Elle est l'ombre qu'on poursuit... Il faut d'abord qu'*Il* l'admire en détail, qu'il l'idolâtre et le lui dise. Aussi comme elle expérimente ! Sa voix est tendre, câline, impérieuse ; elle a des inflexions douces et nerveuses : elle semble le phonographe de son cœur... Son sourire est fin, plein de sous-entendus trompeurs... Son œil, c'est le mirage d'un idéal : de la bonté, de la tendresse, de la passion... Son geste découvre un poignet aux délicates attaches, une main aux doigts effilés, une nuque qui est un nid à baisers... Et sa robe ! Elle l'a mise pour donner envie qu'on la déshabille ?... Elle sait trop bien qu'il faut toujours parler aux sens ! Mais elle ne permettra ni une trivialité, ni une impertinence grossière. Une brutalité, peut-être, si c'est un premier mouvement qui la flatte.

Et *Lui* ?

Lui, écoute, regarde, charmé, pris. Et si en quête d'une gracieuseté *pour les autres, Elle* lui tend son album, son premier mot sera infailliblement : aimer. Mais ensuite ! Aimer quoi... quoi !...

Elle le regarde. *Il* sent ce regard narquois. *Il* biffe et écrit : souffrir. Mais voici le mari. C'est la réalité qui reparaît. Aussitôt dégrisé, *Il* reprend son aplomb, et, avec son intuition de roué, écrit négligemment sur le feuillet une méchanceté quelconque, celle-ci par exemple : L'amour commence et finit par un soupir...

On tend l'album au mari qui commente avec un fin sourire qui signifie : « Ah ! que c'est vrai ! » Elle est jouée : elle succombera...

Jamais l'Allemande ne pourra se détailler ainsi. C'est que la Française commande à ses sens ; ou plutôt elle n'en a plus : elle les renferme en sa vanité. Et cette vanité fait vibrer toutes ses facultés. Son intelligence ressemble alors au tronc d'un candélabre un soir de gala. Tous les flambeaux qu'il soutient sont allumés, et bien que chacun soit étagé et de différente grandeur, ils donnent, ainsi réunis, une clarté si vive qu'on est ébloui.

Aussi bien comme notre coquette pressent avec vivacité ! Et à chaque intuition nouvelle toute son âme protée passe dans ses yeux en nuances de bonté, de douceur, d'ironie... Cependant, si vous voulez connaître la valeur de ces nuances, surprendre si ce sont des reflets ou des mirages, examinez la bouche, n'écoutez pas les yeux. Elle est souriante, mais souvent froide : les sens enfermés dans la vanité ne percent pas...

Chez l'Allemande, c'est le contraire. Elle désire, et sa bouche est jouisseuse en avant-courrière... Mais l'œil, en revanche, ne varie guère son expression : il est tendre sans nuances.

Si la Française a plus de vanité dans l'amour, l'Allemande a plus d'égoïsme ; elle aime pour elle, pour son plaisir, et son sentimentalisme est souvent le prélude d'un amour qui est précisément l'antithèse... L'Allemande s'abandonne ou se laisse prendre... La Française se donne et aime pour *Lui*, quoique son : « *je t'aime* » ne signifie que : « *aime-moi* ».

Après la possession de l'Allemande, vous n'avez rien à connaître. Après la possession de la Française vous ne connaissez bien souvent encore que son masque. Mais si vous savez dépouiller avec délicatesse cette enveloppe, quelles surprises vous attendent ! Quelle ingénue dans cette coquette, si rouée un instant auparavant. C'est un cœur d'enfant dans un corps de femme. Comme elle jette au vent, avec insouciance, le cher masque de coquetterie ! et comme on rit ensemble de la comédie jouée !

Malgré cela, elle ne supportera pas plus maintenant, qu'avant la morsure dans la pomme, un manque de tact ; et une trivialité la fâcherait à jamais. Il lui faut toujours du raffinement : dans l'esprit, dans le cœur, dans les sens.

La Française rougit en parlant du mari ; avec

l'Allemande on peut en rire. Si elle tend son album, l'amant y inscrira une équivoque au gros sel, et tous les deux auront un sourire d'intelligence. D'ailleurs, tout est à l'unisson, la sentence de l'album, aussi bien que le cœur et l'estomac qui se *régale* à minuit d'une tranche de lourd pâté.

En Allemagne la pente de l'Eden qui conduit au fruit défendu est frottée de savon de cuisine, et au bout se trouve le lit grand ouvert... En France il y a l'alcôve fermée à double battant. Pour l'ouvrir que de tact il faut encore ! Mais arrêtons-nous à ce seuil. L'alcôve est la feuille de vigne de la pudeur...

Revenons à la petite bourgeoise. Nous l'avons laissée chrysalide, nous la retrouvons papillon. Elle a atteint son but, elle est fiancée... On scelle le serment avec un baiser, un long baiser qui fait tressauter le cœur ; et la main dans la main, on vient auprès des parents demander la sanction paternelle et celle de la loi.

Vous connaissez les fiançailles, passons donc... Enfin la jeune fille est mariée. Le voyage de noce a été court. Les économies des parents et celles du jeune couple en ont défrayé les frais. Il a jeté quelques notes joyeuses dans l'existence déjà monotone et banale. Cependant, la jeune épousée ne parcourt que rarement le beau pays de l'inconnu et des surprises de l'amour... Ce qui perce dans sa joie ce n'est pas l'émotion d'un cœur ému et débordant, c'est l'amour-propre satisfait d'avoir réalisé son rêve, ou plutôt d'avoir atteint son but.

Quinze, vingt ans se sont écoulés... Voyons maintenant la mère. Quatre, cinq, six, sept, huit... enfants sont venus. La *kinderstube* est délabrée, les meubles sont cassés, son papier déchiré et le petit berceau du premier-né, si frais autrefois, est tout maculé. La coquette écolière que nous avons entrevue est devenue une *bonne femme*, dont vous connaissez la vie. Mais l'existence de la mère vous l'ignorez encore. Elle rachète, cette existence, bien de petits ridicules, et fait pardonner bien des défauts. Entrez, par exemple, un soir de bal au casino ; vous la verrez, la mère allemande, de sept heures et demie du soir à trois heures du matin assise en un fauteuil, la fatigue aux traits, un sourire béat aux lèvres. Elle reste là, somnolente ou bavarde, tenant en dépôt sur ses genoux l'éventail et la sortie de bal de sa troisième fille qui étrenne ce soir, à son premier bal, sa première robe blanche... Ouvrez le livre des dépenses du ménage. Que de colifichets, de rubans, d'essences, de *délicatesses!*... Et pourtant elle est bien fagotée la pauvre mère : mais il faut songer à établir ses filles...

Quelques années passent... La femme a disparu. Confinée à la cuisine avec la bonne à tout faire, elle ne se complaît plus qu'aux petitesses, aux mesquineries. Elle traîne sa *schlafrock* (robe de chambre) toute la journée. Ainsi elle vieillit, soumise, obéissante, patiente et douce. Son mari a fait d'elle, depuis longtemps, une servante, ses enfants en font maintenant une cendrillon...

Il est rare de rencontrer en Allemagne une pimpante jeune grand'mère aux cheveux toujours bien lisses, au bonnet pomponné, fière de son pied mignon et de sa main soignée. Oui c'est rare, bien rare. Que lui importe à la vieille ! Elle a été toute sa vie passive, aujourd'hui ses muscles sont affaissés. Encore quelques années et la mort vient planer invisible. On dirait un hideux monstre carnassier qui ne laisse arriver à point sa proie que pour la grignoter d'abord, et ensuite l'avaler. Cheveu par cheveu, dent par dent, ride par ride l'ignoble monstre incessamment grignote ; et elle, la pauvre vieille, se laisse faire souriante...

Chut ! pas de bruit, la petite bourgeoise repose enfin !

III

Éducation physique en France, en Allemagne, en Angleterre.

Le progrès et la civilisation ont créé autour de nous une atmosphère artificielle. Au lieu de respirer l'air balsamique de la nature, nous vivons dans une étuve ardente qui surchauffe, enfièvre le cerveau, amollit, affaisse le corps. Cette existence sédentaire et cérébrale nous rend douillets, délicats, raffinés, et, peu à peu, faute d'exercice pour tremper nos muscles, d'espace et d'air salubre pour raviver notre sang, les races dégénèrent et s'effacent.

La personnification du progrès industriel est une mignarde et coquette petite femme au sourire de carmin, aux yeux lustrés d'arsenic, aux veines bleuies par la transfusion ; mais sous cet extérieur charmant, quoique artificiel, le sein est flasque, la chair molle et sans nerfs, la bouche chaude, le corps anémique... Quel contraste avec la robuste et saine fille antique au rire frais, à la mamelle lourde et ferme, à la hanche large, à la chevelure bien plantée, à la tête froide, au cœur chaud !

Parmi les causes de la décadence physique, la principale est notre méthode d'éducation dans les écoles. Elle surcharge l'intelligence, surmène les facultés, les fatigue et n'accorde à ce travail excessif qu'un répit dérisoire qui ne peut amener une réaction assez forte pour produire l'équilibre.

La vie gymnastique et hygiénique est presque nulle surtout pour nos jeunes filles. A quatorze ou quinze ans, adieu les jeux salutaires, la corde, le ballon, la raquette. La fillette est une petite femme qui, désormais, n'aura pour tout exercice que la promenade! Le corps encuirassé en un corset, le pied enserré dans un étau, on s'en va menu, menu, en sensitive peureuse, craignant le froid, l'air, l'eau.

Pour nos garçons, il en est de même. Entrez dans la cour de récréation de nos lycées, ou accompagnez à la promenade du jeudi et du dimanche nos rhétoriciens et nos philosophes. Eux aussi, ces enfants de dix-sept, dix-huit, dix-neuf ans, ne connaissent aucun jeu. Aussi que font-ils? Ils se promènent par bandes de deux, trois, quatre, en causant devoirs, pensums, ou bien frivolités et choses malsaines. Et nous nous plaignons qu'il n'y a plus d'enfants! A qui la faute? — A ceux qui oublient qu'enfance est synonyme de récréation.

L'Allemagne a compris que cette grande question, *la décadence physique,* s'imposait à l'humanité ; et, depuis quelques années, elle essaie d'une réaction à la vie cérébrale. Elle a créé de nombreuses sociétés de gymnastique, elle a multiplié les excursions de vacances à travers la fraîcheur des bois et l'air vivifiant des montagnes, enfin elle a importé d'Angleterre un des deux jeux nationaux de ce pays : le *foot-ball* (1), et ce divertissement commence à être fort goûté.

Cependant dans l'éducation physique en Allemagne il y a une lacune. On ne s'occupe que de l'écolier, l'écolière est délaissée. La gymnastique est bien obligatoire dans les écoles de filles, mais aussitôt la confirmation reçue, on joue à la petite femme comme chez nous. Il y a bien la vie de villégiature des vacances, les cercles d'amies organisent bien de temps à autre des pique-nique, des bals champêtres, des parties de traîneaux, etc. mais ces excursions, ces pique-nique, ces promenades, n'ont pas sur la santé une grande influence hygiénique. On y caquette beaucoup, on y marche fort peu. On s'y rend en falbalas, pomponnée,

(1) Le *foot-ball* (le jeu de ballon) et le cricket sont les deux jeux nationaux anglais. Le premier, qui est un exercice très violent, se joue l'hiver, le second est le jeu d'été.

emprisonnée, armée de pied en cap pour plaire et conquérir; et avec un étau aux pieds, une cuirasse aux seins, on ne peut guère monter des rampes abruptes et courir à travers champs.

L'Angleterre est le seul pays de l'Europe où l'éducation physique soit bien comprise. Voyez les jeunes *misses* en excursion sur le continent ou en pique-nique chez elles. A première vue elles font quelquefois sourire; mais que vite vous reconnaissez l'excellence de leur méthode pratique! Qu'il est commode ce waterproof poussière dans un coup de vent ou à travers l'averse! Que ces larges souliers à talons carrés, à semelles débordantes, à coutures imperméables, sont utiles pour escalader les montagnes et affronter la boue et la neige! Ce chapeau de feutre mou, sans plumes, sans forme, qu'il est confortable en wagon! et la robe de laine montante qui ne se fripe pas, et ne déteint jamais! Et combien d'autres choses encore dont nous avons ri... pour arriver à emprunter à l'Angleterre, non des vêtements pratiques et commodes de touriste, mais ce que ses dandies, ses *swells* ont de plus excentrique: les chaussures pointues qui estropient et les vestons étriqués qui ridiculisent!

Si vous voulez connaître et apprécier la vie gymnastique anglaise, n'allez pas à Londres, mais visitez les écoles et partagez l'existence de l'écolier, ou bien passez une saison de chasse à la campagne. Et là, tout en restant Français, vivez assimilé à la *country life* (vie de campagne).

Voici le programme de l'écolier anglais :

Deux fois par semaine, le mercredi et le samedi, il y a *cricket*, *lawn-tennis* ou *foot-ball*, selon la saison. De temps à autre, pour entretenir l'ardeur et l'émulation, on stimule l'amour-propre en organisant un concours (*match*) entre différentes écoles. Quand il pleut on reste dans la *salle de récréation* à jouer au billard, à boxer avec des gants, à parier avec des altères, etc... Le dimanche les jeux cessent ; dans toute l'Angleterre il y a calme plat. On profite de ce repos forcé pour faire de longues promenades à pied. Ces excursions pédestres sont très à la mode parmi les jeunes gens. Quelques-uns font ainsi, le sac au dos ou bien en *bicycle*, leur tour d'Europe, d'Angleterre, de France, d'Allemagne, etc...

Telle est la vie gymnastique en Angleterre, et cette existence est non seulement celle de l'écolier et de l'écolière (1), mais aussi celle de l'homme fait ; il est même fréquent de voir des vieillards

(1) La jeune Anglaise mène la même vie de sport que ses frères. Il n'y a que le *football* et le *cricket* auxquels elle ne prend part ; mais elle canote, joue au lawn-tennis, monte en tricycle, etc., etc.

prendre part à une chasse au renard, à une partie de cricket, de lawn-tennis...

Voulez-vous, maintenant, un contraste frappant, retournez en France après avoir mené une année ou deux cette saine existence. Mais n'allez pas à Paris, pas plus qu'il ne faut visiter Londres pour connaître l'Angleterre. Venez en province. Promenez-vous sur les boulevards, dans les jardins publics, les quinconces, et regardez les groupes de vieillards qui viennent là boire leur verre de soleil en marchant menu, menu comme nos jeunes filles... Regardez et comparez! Nous écrivons pour ceux qui savent lire...

Ces vieillards sont les invalides de la civilisation, nous direz-vous, et c'est une gloire. Oui, mais il ne suffit pas de dire avec Descartes : « Je pense, donc je suis. » Car le philosophe, en émettant cette grande et belle pensée, ne s'adressait qu'à l'âme humaine et oubliait le corps. Mais si penser c'est être, être c'est souffrir dans la nature entière, et oublier ou négliger de soulager nos maux physiques aussi bien que nos douleurs morales, est un crime de lèse-humanité.

Assez longtemps on nous a pillés. Assez longtemps la France a transfusé au monde entier son sang généreux. Aujourd'hui que ce sang est appauvri, c'est faire preuve de mesquin orgueil national et de manque de patriotisme que de ne pas user à notre tour de la transfusion... tout en restant Français.

Est-ce que sans notre France-soleil de Louis XIV, l'Europe aurait aujourd'hui ses mœurs châtiées ? Est-ce que sans notre France-rédemptrice de la Révolution l'Europe aurait aujourd'hui sa liberté ? Est-ce que sans notre philosophe Rousseau l'Europe aurait aujourd'hui ses écoles ? Est-ce que sans nos grands hommes, nos écrivains, nos artistes, notre Napoléon, l'Europe eût eu de telles sciences, de tels arts ; aurait-elle son élégance, son théâtre... son armée ?

Dites, répondez ? — Ah ! vous baissez la tête, et nous, les vaincus, nous la relevons. Votre gloire n'est que le reflet de la nôtre ! Vous avez ramassé les miettes que par négligence ou abondance nous avons laissées tomber. Mais pour cela il a fallu vous baisser, vous faire petits, nous épiant heure à heure, instant par instant, jusqu'au jour où, vous sentant forts, vous êtes venus, bardés de fer, invulnérables, lacérer de mitraille notre drapeau ; et à travers ses déchirures vous passez à présent vos mains avides...

Eh bien ! puisque nous ne pouvons reprendre à tous nos plagiaires ce qu'ils nous ont pillé, au moins, ne glanons pas... Nous avons semé

les premiers, nous avons droit de prendre part
à la moisson. A l'œuvre donc, et la tête haute !
Prenons non seulement à l'Allemagne ses écoles,
à l'Angleterre sa vie gymnastique, mais prenons
partout, prenons à tous : quelle que soit l'abondance de la récolte, on sera encore nos obligés !

TABLE DES MATIÈRES

PREMIÈRE PARTIE

VUE D'ENSEMBLE

DEUXIÈME PARTIE

LES COURS ET LA NOBLESSE

TROISIÈME PARTIE

LA BOURGEOISIE

IMPRIMERIE ÉMILE COLIN, A SAINT-GERMAIN